作詞入門

実例で学ぶ
ポイントとコツ

昆真由美／平賀宏之[著]

Stylenote

目　次

/// 2章　楽典基礎とメロディーへの言葉の乗せ方

/// 3章　歌のジャンルを理解する

/// 4章　POPS、演歌、アニソンの歌詞の特徴

7章　推敲のポイント

8章　キャッチーの正体

/// 9章　ラブソングを書くときのポイント

/// 10章　さらに心に響く歌詞を目指すポイント

/// 11章　韻を歌詞に取り入れるときのポイント

/// 12章　言葉をインプットする

● 本書で使用するサンプル音源について

　本書では、参考となるサンプル音源を提供しています。

　本書内、マークと QR コードが表記されている楽譜のサンプル音源をインターネット上で聴くことができます。

　本書内のサンプル音源は、下記アドレスからもアクセスできます。本書の該当ページも書かれていますので、該当するサンプル音源を聴いてください。

https://www.stylenote.co.jp/0197

※ 音声が再生できない場合は、別のブラウザを使って試聴してみてください。たとえば、Internet Explorerで再生できない場合は、Microsoft Edgeや、Google Chrome、Firefoxなどでお試しください。
※ サンプル音源は予告なく公開を中止する場合もあります。あらかじめご承知おきください。

/// 序 章 作詞の心構え

歌詞とはどんなもの？

　「作詞」という言葉を辞書で引いてみると『歌詞のある楽曲の、歌詞を作ること』と出てきます。あなたが作詞を始めようと考えたきっかけは何ですか？　歌詞に感動して自分でも作詞をしてみたいと思ったり、自分で歌ったりバンド仲間に頼まれたりして作詞の必要が出てきたなど様々な理由があると思います。作詞は誰でも簡単に始められますが、いざ作詞を始めてみると、進むにつれてものすごく奥深いものでもあると気づかされます。ここでは私が考える、作詞をするうえで最も大切なことをお伝えしていきます。

▪ 作詞は文芸？　それとも音楽？

　まず作詞の立ち位置を理解しておきましょう。作詞をしているというと、「文章がうまいんだね」とか「小説も書けるの？」といった感想をもらうことがあります。しかし、作詞は文芸と似て非なるものです。

　次の図を見てみましょう。

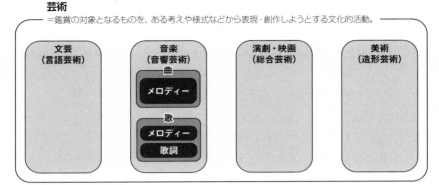

図0-1

　もちろんこの図がすべてではなく、他にも芸術の分野は様々に分類できます。ここでの分類では、『芸術』の中に『音楽』があり、『音楽』を分解すると『曲』と『歌』に分けられます。歌詞がついているものを『曲』と呼ぶこともありますが、ここでは歌詞のついていない（メロディーだけの）ものを『曲』と呼びます。歌詞がつくのは『歌』だけなので、ここで初めて歌詞が登場します。

　この図を見ると、歌詞は文芸とは違う位置にあるのがわかりますね。つまり、歌詞は「音楽」の中の要素の１つなのです。

　歌詞を書くときに、「文章を書こう」という意識で挑むとうまくいかないことがあります。それよりも「音楽をやろう」という意識を持った方がうまくいきます。

▪ 作詞に必要なもの

　歌詞は「自由に書きたいことを書けばいいんだよ」と言いたいところですが、自由であればあるほど、何をどう書いたらいいのか悩んでしまうと思います。

　私は作詞に必要なのは、「想い」「センス」「書く力」この３つだと考えます。

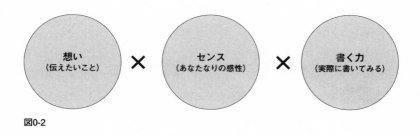

図0-2

　「想い（伝えたいこと）」があること、これは作詞家を目指す上で最も重要です。

　歌詞は、音楽という芸術の中の１つ。作詞家は、「伝えたいこと」を「歌詞で表現する」表現者なのです。「歌（うた）」の語源は「うたふ（訴）」、つまり「何かを訴える」が語源であるとする説もあります。**伝えたいことがあってこその歌であり、歌詞であるということを頭に入れておきましょう。**ただし、歌詞を実際に歌って表現するのは、作詞家ではなく歌い手です。作詞家は歌詞にただ自分の想いを乗せれば良いというわけではなく、歌や歌い手の伝えたいことを代弁する必要があります。

　そして「センス（あなたなりの感性）」。センスがないから作詞家になれない…… なんて不安に思わないでください。センスがある、ないとよく言いますが、感性は誰にでもあるもの。たとえば、ハンバーガーを目の前にして「おいしそう！」と思う人もいれば「胃もたれしそう」と思う人もいます。犬を目の前にして「かわいい！」と近づいていく人もいれば、「怖い」と遠ざかる人もいます。犬が怖い、という気持ちを歌った歌があると想像してみましょう。犬がかわいい、という歌はよくありそうですが、そこをあえて「犬が怖い」と歌うと、なんだか面白く感じませんか？　感性とは、あなたがどう感じたか。**感性があるかないか、良いか悪いかではなく、自分がどう感じたかに注目して、感性（センス）を磨いていくことが作詞力につながっていくのです。**

　最後に書く力。これはテクニックを学ばなければいけないということで

はなく、歌詞として書き上げる、仕上げる力です。「歌詞を書きたいな」と思っているだけでは作詞家にはなれません。歌詞を書いてそれを見られるのは恥ずかしい、と思う方もいるかもしれません。歌詞は、たしかに自分の内面をさらけ出すことでもありますが、落とした日記を読まれるのとは違います。作詞とは、歌詞という方法で気持ちを表現する芸術。伝えたいことを、どうやったら伝わるか、考えて、書いて、練って、書き直して、世に出すものです。**恥ずかしがらずにまずは一歩踏み出してみること、実際に書いて最後まで書き上げることが大切なのです。**

テクニックを学ばなくても素晴らしい歌詞が書けてしまう人もいますし、テクニックだけでは歌詞は書けません。想いやセンスはあなた自身で磨いていく必要があります。そして、身につけたテクニックを壊すのもあなたのセンス。書いてある通りにやらないといけないということもありません。

想いと感性があって、歌詞を書こうと思っているなら、作詞家への第一歩は合格です。しかし、**伝えたい想いや素敵な感性があるのに、それが歌詞でうまく伝えられないのは、とてももったいないこと。**私自身、「うまく伝えられない」を何度も経験しました。この本では、「伝えたいこと」が伝わる歌詞を書くためのヒントを、実例をもとに解説します。あなたの作詞をより良くするための力になれればと思います。

何はともあれ、作詞の基本を覚えておいて損はありません。楽しみながら作詞の世界を学んでいきましょう。

▪ 詞と詩の違い

あなたがこれから書こうとしているのは「詞」と「詩」どちらでしょうか？「歌詞」であれば答えは「詞」ですね。では「詞」と「詩」の違いとはいったい何でしょう？

「詞」は曲がついて歌われるためのものです。それに対して、「詩（ポエム）」は詩的な文章のことを指します。つまり「詞」は耳で聴くもの、そし

て「詩」は目で見るものという違いがあるのです。

　詩（ポエム）は朗読会などはありますが、基本的には詩集などを目で見て楽しみます。一方、詞（歌詞）は動画のテロップや歌詞カードなどで目にすることはありますが、こちらは基本的には聴いて楽しむものです。つまり、歌詞を書くときには**言葉が音になって耳に入ってきたときにどう聴こえるか**を意識することが大切です。

- **歌が聴かれるシチュエーション**

　あなたはどんなときに歌を聴いていますか？歩きながらイヤホンで聴いたり、家で家事をしながら聴いたりなど、様々なシチュエーションが考えられます。また聴き方も Apple Music などのサブスクリプションでいろいろな曲を聴いたり、好きな CD を何度も聴いたりなど様々だと思います。

　他にも例を挙げてみましょう。

　車に乗っているときにラジオから流れてくる歌を聴いたり、飲食店や街中にいるときに有線放送から流れてくる歌を聴くこともあります。TV を見ているときには、音楽番組だけでなく CM やドラマ、アニメの主題歌として聴くこともありますね。ライブ会場で聴く場合も、東京ドームのような大きな会場から、地下のライブハウスなど様々なシーンが考えられます。

　このように歌を聴くシチュエーションというのは実に多岐にわたります。**歌詞を書くときには、書こうとしている歌が「どこでどんな風に聴かれるか」ということを想定することが大切です。**たとえば、コールアンドレスポンス（「Are you ready? → Yeah」のような呼びかけと応答）の入る曲はライブでは映えますが、シリアスなドラマのエンディングテーマとしてはふさわしくありません。

　また、CM ソングなどはいかに良いことを言うかよりも聴いたときのインパクトの方が重要になったりします。作った歌がどこで、誰に、どのように聴かれるのかを想定しながら歌詞を書くようにしましょう。それによって使う言葉が変わってくるはずです。

▪ 歌は、時間も場所もこえて飛んで行く

　歌は形のないものです。楽譜という形にすることもできますが、歌自体は、発表された後に古くなって無くなってしまうなんてことはありません。昔に作られた歌でも、名曲として聴かれ続けたり、カバーされいろいろな人に歌い継がれている歌はたくさんあります。また歌は一度に大勢の人でシェアしたり、遠くの人に届けたりすることもできます。日本で発売された歌でも、世界中のどこからでも聴くことができます。このように、歌は、時間も場所もこえて飛んで行くのです。

　「今の時代」を色濃く反映したいなら、流行りを取り入れるのも一興です。たとえばカセットテープ、ポケベル、LINE などの言葉が入っていれば、その歌が作られた時代をイメージすることができます。でも、長く歌い継がれたいのであれば普遍的な言葉を使う方が良いでしょう。どのように聴いてほしいのかということも、歌詞の言葉選びには影響してきます。

▪ たくさん歌を聴こう

　作詞をしてみたい、作詞家になりたい、という方に、「最近流行っている歌で気になるものはありますか？」と聴くと返事に困る方を多く見かけます。**作詞をするなら、まずは詞を聴くことです。**いつも好んで聴いている歌を何度も聴くのも良いですが、好き嫌いをせず新しい歌などもどんどん聴いてみてください。いろいろな歌を聴くことで、自分が良いと思う言葉の表現や、面白い言葉の乗せ方など、新しい発見があるはずです。作詞の第一歩として、まずはたくさん歌を聴くことから始めてみましょう。

1章　作詞家への第一歩

なりたい作詞家像をイメージしよう

▪ 世の中にはどんな作詞家がいる？

　作詞家とひと口に言っても、様々な立場があります。まず世の中にはどんな作詞家がいるか見ていきましょう。

　楽曲制作には大きく分けて2種類のパターンがあります。1つは、作った楽曲を自分で歌うパターン。そしてもう1つは、作った楽曲を自分以外が歌うパターンです。

　楽曲制作の中で作詞がどのように関わっているのか下の図を見てみましょう。

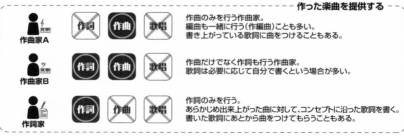

図1-1

　いかがでしょうか？　作詞をするのは作詞家だけではないことがわかり
ますね。

　シンガーソングライターや歌詞を書いて自分で歌うアーティストは、自
分の気持ちを歌詞に乗せられます。しかし、歌詞や曲の提供者は、あらか
じめ決まったコンセプトに沿って楽曲や歌詞を作ります。

　作詞家は歌詞を書きますが、その歌詞を実際に歌って表現するのは、作
詞家ではなく歌い手です。自分の書きたいものを書くのであれば、シンガー
ソングライターやアーティストを目指すのが良いでしょう。自分の書きた
いものを書くのではなく、"求められているものを書く"のが作詞家の仕事
です。**作詞家はあくまで裏方であるという意識を持ちましょう。**たとえあな
たが書いた歌詞であっても、提供したらその歌はアーティストのもの、さ
らには歌の聴き手のものにもなります。アーティストを押しのけて「私が、
私が」と前に出てはいけません。音楽制作ではたくさんの人が関わり、1
つの歌ができ上がります。その一部を担っていることを忘れないようにし
ましょう。

▪ 作詞家と名乗れるのはどんな人？

　趣味で作詞をしている人、作詞を勉強している人は「作詞家」でしょうか？

　よく、「自分が作詞家と名乗って良いのかわからない」と悩んでいる方を
見かけます。私の考えでは、自分で詞を書き溜めているだけでは作詞家と
は言えない、と思っています。しかし、誰もが知っている有名アーティスト
に歌詞を提供していなければ作詞家ではない、ということでもありません。

　私は、下記の4つの条件が揃えば作詞家と名乗って良いのではないかと
考えています。

・歌がある	・歌い手がいる
・歌に自分の書いた歌詞が乗っている	・聴き手がいる

この4つのどれかが欠けてもいけません。歌詞だけ書いて曲がついていなければ、「日記」や「詩（ポエム）」であって歌詞ではありません。たとえ歌ができても歌ってくれる人がいなければ歌として成立しません。また、聴く人が誰もいなければ歌としては不十分です。

　その歌が、親しい友人の中でだけ披露するものであっても、路上ライブやYouTubeなどで公開するものでもかまいません。たとえ大勢の人に聴かれる歌でなくても、この4つがそろっていて、あなたがその歌詞を書いたならばあなたは立派な作詞家です。

　作詞家と名乗るためには、まずはこの4つの条件をクリアすることを考えると良いでしょう。

▪ 作詞はひとりでは成り立たない

　1つの音楽作品を作るときには作詞家、作曲家だけではなく様々な職業の方が関わっています。ここではどれくらいの人が関わっているのか図で見てみましょう。

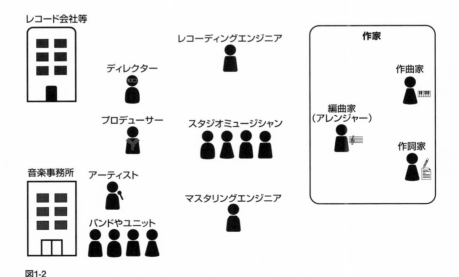

図1-2

　音楽制作にはたくさんの人が関わっていることがイメージできたのではないでしょうか。作詞家が歌詞を提供するアーティストは、シンガーやアイドル、俳優、声優など多岐にわたります。しかし、シンガーソングライターやバンドの場合は、自分で歌詞を書く場合が多いので、歌詞を提供できる機会は少なくなります。

▪ どんな作詞家になりたいかイメージしよう

　さて、あなたはどんな作詞家になりたいですか？　作詞家になった自分を思い描いてみましょう。

図1-3

いかがでしょうか、想像しただけでワクワクしますね。

このように、作詞家の活動は幅広く、叶えられる夢はたくさんあります。あなたがなりたい作詞家のイメージを持って、楽しみながら作詞を学んでいきましょう。

作詞家が押さえておくべき用語

▪ 詞先、曲先とは

歌詞が先にあって、そこにメロディーをつけることを「詞先」、メロディーが先にあってそこに歌詞をつけることを「曲先」と呼びます。シンガーソングライターなどは、メロディーと歌詞を同時進行で作る場合もあります。かつて、演歌や歌謡曲の歌詞は「詞先」で作られたものが多かったそうですが、最近のポップスなどの楽曲はそのほとんどが「曲先」で作られています。

▪ 仮歌、仮歌詞とは

歌詞ではなく曲を募集する楽曲コンペでも、歌詞のついた楽曲の提出を指定されることがあります。作曲家は、自分で歌詞をつけるか、作詞家に頼んで楽曲コンペに提出するための曲に歌詞をつけ、楽曲と歌詞を一緒に楽曲コンペに提出します。この、楽曲コンペに提出する曲のための歌詞を一般的に「仮歌詞」と呼びます。そして、「仮歌詞」を使って歌った歌のことを「仮歌」と呼びます。

▪ 譜割、譜割確認用音源とは

譜割とは、音符に対しての歌詞のつけ方のことを指します。メロディー

に対してどのように歌うのかを伝えるためのものです。カタカナで「フワリ」と表記されることもあります。

　たとえば、ドレミファソ、という5つの音があるとします。

　そこに「会いたいな」と乗せる場合に、1音ずつ
ド＝あ　レ＝い　ミ＝た　ファ＝い　ソ＝な　と乗せる場合や、

　ド＝あい　レ＝たい　ミ＝な　ファ＝ー　ソ＝ー　と、ファとソは伸ばす音で使いたいという場合があります。

　このように、同じメロディーでも歌い方のパターンがいくつもあります。提出した歌詞をどう歌ったら良いかわからないときに作曲家や仮歌シンガーから「フワリを教えてください」と言われることがあります。
　どのように歌うのかを正確に伝えるための方法として下記の2パターンがあります。

・実際に譜面に歌詞を書く　　　・歌い方がわかるように歌声を録音する

譜面がある場合は譜面に書き込んでも良いですが、資料として必ず譜面が用意されているとは限りません。

　そこで、歌い方がわかるように歌声を録音した音源を歌詞と一緒に提出します。この音源のことを「譜割確認用音源」と呼びます。譜面がなく、譜割を伝える必要がある場合、作詞家でも実際に歌って録音する作業が発生することがあります。

作詞に必要な道具

　作詞に必要な道具について見ていきましょう。作詞というと紙とペンがあればできるというイメージがあるかもしれませんが、現代ではもう少し必要なものが増えています。

　まず、パソコンもしくはスマートフォンは必要不可欠です。かつては音楽制作の場に作詞家が立ち会って、そこで歌詞を書いたり、歌詞を郵送したりということも多かったかもしれませんが、今は曲をダウンロードして、歌詞をテキストデータで送付するのが主流です。

　作詞に必要なツールをまとめてみました。

ステータス	使用ツール	必要な環境	PC	スマートフォン	プリンター（スキャナ）	備考
曲が届く	・ファイル転送サービスなど（※） ・メール	・インターネット環境（大容量ダウンロード） ・メール環境	●	●		
曲の資料を開く	・ZIPファイル ・PDFファイル ・音源（MP3ファイルなど）	・ファイル解凍ソフト ・PDF閲覧ソフト ・音楽再生ソフト	●	●		・参考曲があり、YouTubeを指定された場合、インターネット環境が必要
歌詞を書く	・テキストファイル	・ワープロソフトやテキストエディタ	●	●		
歌詞を提出する	・ファイル転送サービスなど（※） ・メール	・インターネット環境 ・メール環境	●	●		
譜面を提出する	・ファイル転送サービスなど（※） ・メール	・インターネット環境 ・メール環境 【必要に応じて】 ・PDF入力ソフト ・PDF変換ソフト	●	●	●	・譜面（PDF）に直接歌詞を入力できるソフトを使う ・譜面（紙）に手書きで歌詞を書き込んだ場合は、でき上がったものをスキャン、もしくは写真に撮るなどしてデータ化し、データをPDFファイルに変換して提出
譜割確認用音源を提出する	・オーディオレコーダー ・オーディオ編集ソフト ・ファイル転送サービスなど（※） ・メール	・録音環境 ・インターネット環境 ・メール環境	●	●		・オーディオレコーダーで録音したものをオーディオソフトなどで編集し提出 ・アカペラであればオーディオレコーダーで録音したものを提出

※**ファイル転送サービスなど…データの受け渡しを行うための、ファイル転送サービスやオンラインストレージなどのサービスのこと。**

　譜面や譜割確認用音源が必要になると、使うツールが増えていくのがわかります。譜面や譜割確認用音源は、楽曲コンペなどで必要になることが多いため、プロの作詞家を目指すのであれば最低限のツールは揃えておきましょう。これから作詞を始めるという方は、まずは上の4つ、歌詞を提出するところまでに必要なツールを揃えておくと良いでしょう。

作詞家に求められる音楽のスキル

　歌詞は「音楽」の中の要素の1つ、と序章で書きました。そして、譜面や譜割の話も出てきました。もしかしたら、作詞家は音楽ができないとなれないのではないか、と不安になっている方もいるかもしれません。ここでは作詞家に求められる音楽のスキルについて見ていきましょう。

▪ 楽譜を書けなくても大丈夫？

　作詞家は楽譜を書けなくても大丈夫です。作詞家は譜面に歌詞を書き込むことはありますが、自分で楽譜を書くことは基本的にありません。

▪ 楽譜を読めなくても大丈夫？

　作詞家は楽譜を書く必要はありませんが、ある程度読めた方が便利ですし、やり取りがスムーズになることも多いでしょう。また、楽譜は基本的に音源と一緒に渡され、楽譜だけを渡されることはほとんどありません。そのため、楽譜だけを見てメロディーを思い浮かべられるほどのレベルでなくても大丈夫です。楽譜が苦手だという方は、音源を聴きながら、音符を目で追えるレベルを目指しましょう。

▪ 上手に歌えなくても大丈夫？

　先ほど述べた通り、作詞家も譜割確認用音源に歌を入れるという場面があります。上手に歌えるに越したことはないですが、譜割確認用音源はあくまで「譜割を確認するためのもの」です。譜割確認用音源をもとに、仮歌を入れるため、作詞家が歌う譜割確認用音源を聴くのは、作詞家本人と仮歌シンガー、作曲家くらいなので上手に歌えなくても気にすることはありません。仮歌シンガーは、実際にコンペなどに提出する音源の歌を歌います。こちらは歌のレベルが音源自体の質を左右することもあるため、高

いレベルを求められることがあります。

　作詞家が歌う譜割確認用音源は、たとえば歌詞の一部分だけを確認したい場合や急ぎの場合は、スマートフォンのボイスメモ機能などのオーディオレコーダーを使ってアカペラで録るだけのこともあります。歌全体の譜割を確認したい場合は、ボイスメモで録ったものをオーディオ編集ソフトやアプリなどで編集するレベルでも成り立ちます。しかし、提出先の作曲家や仮歌シンガーは音のプロフェッショナルです。作曲家や仮歌シンガーへの配慮として、音質が良いことは非常に大切です。もしマイクなど録音機材を揃えられる人は揃えておくのも良いでしょう。

プロの作詞家になるためのルート

▪ 作家事務所でコンペに挑戦する

　プロの作詞家になる方法の1つとして、作家事務所に所属するという方法があります。作家事務所には基本的に作詞家や作曲家が所属しており、並行してアーティストのプロデュースを行っている事務所もあります。

　作家事務所の役割は、作家（作詞家、作曲家）自身やその作品を売り込む営業活動や、作家の仕事管理です。最近では、コンペ形式での発注もあるため、コンペ情報の提供と作品募集なども主な業務の1つです。

　作家事務所に所属するための一般的な方法は作家事務所にデモ音源（制作途中の音源）を送ることです。その他には、所属している作家からの紹介や何らかのツテで所属できることもあります。作詞家の場合、歌詞付きの音源を用意するのは難しいかもしれません。歌詞のみの提出で受け付けてくれるか、音源の形式でないと受け付けてくれないか、そのあたりは作家事務所によって異なります。可能であれば、作曲家の人と組んでデモ音源を作っておくことをおすすめします。

▪ 作詞家オーディション、公募に挑戦する

　インターネットで「作詞」「公募」で検索すると、作詞の公募やオーディション情報を見かけることがあります。常に募集されているわけではありませんが、こういった場も作詞家への第一歩になります。常にアンテナを張るように心がけてください。

▪ 作曲家と組んで活動する

　一緒に音楽活動をする作曲家を見つけるということも作詞家になる方法の１つです。すでに作曲家の知り合いがいる場合などは、歌詞を書かせてもらえないか相談してみましょう。楽曲コンペ用の仮歌詞を常に書いているうちに、その楽曲が歌詞と同時に採用されて作詞家デビューにつながることも少なくありません。

コラボとは

　楽曲制作において、「コラボ」という言葉を耳にすることがあります。

　コラボレーション（collaboration）は、「共に働く」「協力する」の意味があります。人気キャラクターをモチーフとした飲み物やお菓子などを「コラボ商品」と呼んだりしますね。同様に楽曲制作においては、作詞家と作曲家が共同で楽曲制作をすることをコラボと呼んでいます。仮歌シンガーは、曲の雰囲気や歌い手の性別などによって作曲家が都度采配するのが一般的です。

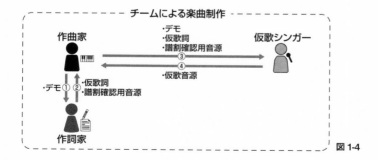

図1-4

▪ アーティストと組んで活動する

　知り合いにアーティストがいる場合なども、歌詞を書かせてもらえないか相談してみましょう。歌詞を書かせてもらえることになれば、すぐにステージで自分の書いた歌詞を歌ってもらえるかもしれません。

▪ SNSで知名度を上げる

　最近では、先に事務所に所属するのではなく、自力で知名度を上げ、ファンをつけてから事務所に所属するパターンも増えてきています。YouTubeや TikTok など、うまくいけば知名度を上げることができる仕組みがたくさんあります。こういった場で力を試してみるのも良いでしょう。

作家事務所のコンペの仕組み

▪ 楽曲コンペ、歌詞コンペとは

　コンペとは「コンペティション（competition）」の略で、競争という意味があります。コンペは、レコード会社などが発注書の内容に沿って複数の作家から広く楽曲や歌詞を募集して、その中から良いものを採用する仕組みのことを指します。曲を募集するのが楽曲コンペ、歌詞を募集するのが歌詞コンペです。有名なアーティストやアイドルグループなどへの楽曲募集では、1曲に対して、数百〜千近くの楽曲が集まるということもあると言われています。競争率は高いものの、有名アーティストやアイドルグループに楽曲や歌詞を提供できる可能性がある点が魅力です。

楽曲コンペ、歌詞コンペの流れを図にまとめました。

コンペ情報や作品提出などのやりとりは基本的にメールで行います。

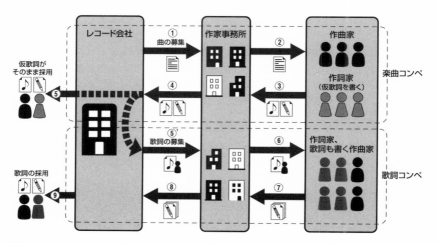

図1-5

【楽曲コンペ】

① レコード会社から複数の作家事務所へ楽曲のコンペ情報（発注書）が送られます。ジャンルやテーマの指定なく楽曲を集める場合もありますが、多くの場合は発注書に「アーティスト○○さんが歌うドラマ主題歌で、テーマは△△、参考曲は□□です」など細かいテーマが記載されています。

② 作家事務所から作曲家へ楽曲コンペ情報が送られます。1つの事務所に複数の作曲家が所属しており、複数の事務所にコンペ情報が送られていますので、作曲家は事務所の中だけでなく、他の事務所の作曲家とも競うことになります。作詞家が仮歌詞を書く場合、作曲家と一緒に楽曲コンペに参加することになるので、「仮」ではなくそのまま本採用されるつもりで書き上げましょう。

③作曲家から作家事務所へ制作した楽曲を提出します。仮歌詞がつく場合、曲と歌詞を一緒に提出します。

④作家事務所からレコード会社へ集まった曲と歌詞を提出します。

⑤曲、歌詞ともに良いものがあった場合は、曲と歌詞両方の採用が決定します。
採用が決まった後に修正が発生することも多々あります。

【歌詞コンペ】

⑤曲は採用になったものの、歌詞が採用にならなかった場合、作詞コンペが行われます。
レコード会社から複数の作家事務所へ採用になった曲のデモと歌詞コンペ情報（発注書）が送られます。

⑥作家事務所から作詞家へ歌詞コンペ情報が送られます。作曲家が作詞コンペに参加することもあります。

⑦作詞家から作家事務所へ制作した歌詞を提出します。譜割確認用音源の提出を求められることもあります。

⑧作家事務所からレコード会社へ集まった歌詞を提出します。

⑨採用される歌詞が決定します。
良いものがなかった場合、歌詞の再募集がかかることもあります。

　作詞家が仮歌詞を書くと、歌詞コンペだけでなく楽曲コンペにも参加することができるため、採用のチャンスを広げることができるのです。

2 章　楽典基礎と メロディーへの言葉の乗せ方

作詞家が覚えておくべき楽典基礎

　作詞家は楽譜を書く必要はありませんが、ある程度読めた方が便利だと1章で述べました。

　この章では、作詞家が押さえておくべき楽典（音楽のルール）の基礎を挙げていきます。

▪ 音名

　まずは音の読み方を見てみましょう。ドレミファソラシを譜面で表すと次のようになります。

　皆さんがなじみのあるドレミファソラシはイタリア式表記の呼び方でポピュラー音楽では英式表記の CDEFGAB で呼びます。また日本式表記ではハニホヘトイロと呼びます。

　音の読み方を鍵盤で確認しましょう。英語式表記で表すと次のようになります。

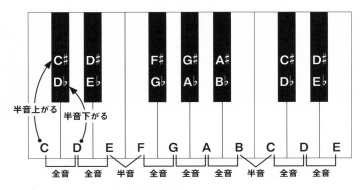

＃（シャープ）・・・音を半音上げる記号
♭（フラット）・・・音を半音下げる記号

※半音とは音程の幅を表す言葉で、鍵盤で見ると隣同士の鍵盤の音程の幅が半音になります。
※全音とは半音2つ分の音程の幅を表す言葉です。

図2-1

　一番左の黒い鍵盤を見てみるとC♯とD♭と文字が２つ書かれています。
これはC♯はCの音が半音上がった音でもあり、またDの音が半音下がっ
た音でもあるため、２通りの表記の仕方があるのでこのように書かれます。

▪ 音符と休符の種類

　次に音符と休符の種類について見ていきましょう。
　音符は音をどれくらいの長さで鳴らすかを表したものです。そして休符
は音符とは逆に音を鳴らさない長さを表したものになります。

　音符と休符の種類と長さを表にしたものを見てみましょう。

名前	音符	拍（相対的長さ）				休符	名前
		1	2	3	4		
全音符	𝅝					𝄻	全休符
付点2分音符	𝅗𝅥.					𝄼.	付点2分休符
2分音符	𝅗𝅥					𝄼	2分休符
付点4分音符	♩.					𝄽	付点4分休符
4分音符	♩					𝄽	4分休符
付点8分音符	♪.					𝄾·	付点8分休符
8分音符	♪					𝄾	8分休符
付点16分音符	♬.					𝄿·	付点16分休符
16分音符	♬					𝄿	16分休符
32分音符	♬					𝅀	32分休符

図2-2

▪ 拍と拍子、小節とは

譜面の基本的な読み方を見てみましょう。

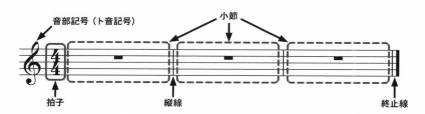

音部記号……譜面の頭に書かれる記号で、譜面（五線）の音の高さを表しています。よく見かけるのはト音記号（𝄞）とヘ音記号（𝄢）でしょう。

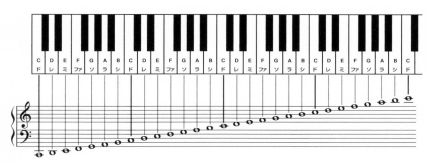

図2-3

小節……縦線で区切られた範囲の1つ1つを小節と呼びます。

縦線と終止線……縦線は小節ごとで区切る線で、終止線は曲の終わりを表した線です。

拍子……1小節の中に何の音符が何個入るかを表しています。

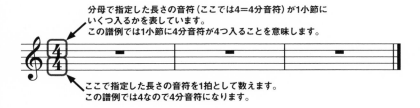

分母で指定した長さの音符（ここでは4＝4分音符）が1小節にいくつ入るかを表しています。
この譜例では1小節に4分音符が4つ入ることを意味します。

ここで指定した長さの音符を1拍として数えます。
この譜例では4なので4分音符になります。

例）4/4拍子の場合、1小節に4分音符が4つ入ります。

1拍　2拍　3拍　4拍

分母の数字の長さの音符を1拍と数えます。1小節に手拍子が4回と考えましょう。

4分音符の半分の長さの音符は8分音符です。1小節に4分音符が4つ入るということは、8分音符であればその小節には8分音符が8つ入るということになります。

上の譜例で使用している音符は8分音符しかありませんが、4/4拍子と明示されているので拍は4分音符のタイミングで4つ数えます。

▪ 調号と臨時記号

ト音記号やヘ音記号などの音部記号の右側に表示される♯や♭を調号と言います。調号で♯や♭がついた音程は途中で調号を変えない限り、その楽曲の中ではその音程に♯や♭をつけて読みます。

調号で指定された♯や♭は調号が書かれている高さの音だけでなく、1オクターブ下の音や2オクターブ上の音など、すべての高さの音に適応されます。

　前記の譜面だと調号でドとファに♯がついているので、ドとファの音はド♯とファ♯で演奏されることになります。

　調号とは別に、音符の左横に付けられた♯や♭を臨時記号と呼びます。臨時記号は臨時記号がついた音符以降、その小節内が有効範囲になります。臨時記号がついた音符以降その小節内でもとの音の高さに戻る場合は♮(ナチュラル)という記号をつけます。

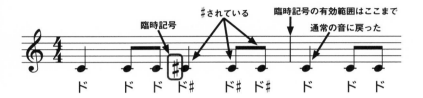

　ナチュラルを付けるともとの高さに戻ります。

▪ タイとスラー、スタッカートとアクセント

　楽譜でよく見かける「タイ」と「スラー」、「スタッカート」と「アクセント」も覚えておきましょう。

タイ

　タイは隣り合う同じ高さの音符にかかっている弧線です。

　タイでつながった音は1音で演奏されます。たとえば下の図の場合だと4分音符2つがタイでつながっています。これは「ソ、ソ」と4分音符の長さ

で2音で演奏されるのではなく、「ソー」と2分音符の長さで1音で演奏されます。言葉を乗せるときも、音符は2つですが1つのイメージで乗せます。

スラー

　スラーは基本的に異なる高さの音符にかかっている弧線になります（同じ高さの音符にかかることもあります）。スラーは複数の音符にまたがって表記されることもあります。スラーがかかっている音符は音符と音符の間が途切れないように滑らかにつなげて演奏されます。言葉を乗せるときは、音符2つ分のイメージで乗せます。

スタッカート

　音符の上または下についた黒点（•）をスタッカートと言います。スタッカートがついた音符は短く切って（およそ半分の長さで）演奏されます。

アクセント

　音符の上または下についた（＞）マークをアクセントと言います。アクセントがついた音符は通常の音符よりも強く（大きな音で）演奏されます。

▪ 反復記号など

譜面の進行に関する記号も覚えておきましょう。

「反復記号」……… と に挟まれた部分を2回演奏します。 がないときは楽譜の頭から繰り返します。

「1番カッコ、2番カッコ」……最初は「1.」と数字のついたカッコを演奏し、2回目は「1.」を飛ばして「2.」を演奏します。

D.C.

「ダ・カーポ」……曲の頭に戻り、*Fine*（フィーネ）または （フェルマータ）の表記がある複縦線（小節線が縦に2本引かれた線）の小節まで演奏します。

D.S.

「ダル・セーニョ」…… （セーニョ）記号と常にワンセットで使用されます。*D.S.* が出てきたら、 に戻ります。

Fine

「フィーネ」…… *D.C.* または *D.S.* で演奏を繰り返した際に、*Fine* と複縦線（小節線が縦に2本引かれた線）が書かれた小節で終わります。

（*Coda*）

「コーダ」…… *to* の記号の場所から 記号の場所まで進みます。

記号は *Coda* とも書きます。

Intro. A B

「リハーサル・マーク」……リハーサルなどでどこから演奏するかをわかりやすくするために楽譜の主に区切りの良い部分に付けられたマークです。

譜面の進行例

▪ BPMについて

作詞をするうえで BPM という言葉を聞くことがあります。歌詞を書くときに直接的な影響は少ないですが、こちらも意味を押さえておきましょう。

BPM は曲を演奏する速さ（テンポ）を数字で表したものです。BPM は「Beats Per Minute」の頭文字を取った略で直訳すると「分ごとの拍」となります。具体的には 1 分間に 4 分音符がいくつ鳴るかを表しています。たとえば「BPM90 の曲」は 1 分間に 4 分音符を 90 回鳴らせる速さの曲となります。

一般的に BPM90 〜 110 がミディアムテンポと呼ばれるもので、それより遅い（BPM の数字が小さい）曲はバラードなど落ち着いた印象になります。また逆に速い（BPM の数字が大きい）曲はダンスミュージックなど盛り上がる印象になります。

作詞をする中で作曲家から「曲の BPM を上げ、それに合わせてメロディーも変更しました」と言われることがあります。そうすると、曲全体が盛り上がるイメージの曲に変わっていたりするので、それに合わせて言葉選びも変わってくる可能性があります。

作詞家が覚えておくべき音楽用語集

　その他の音楽用語について下記の表にまとめました。作詞をするうえで必要となることもあるので、覚えておきましょう。

インスト	歌（歌唱）がない楽曲のことをインスト（インストゥルメンタル）と呼びます。歌の代わりにメロディーを楽器が演奏していたりします。
イントロ	楽曲のメロディーが始まる前にある前奏部をイントロと言います。
キメ	楽曲の中で奏者全員が同じフレーズを揃えて演奏するところをキメと言います。
ブレイク	演奏中に楽器の音をいっせいに止めて音が無くなる部分をブレイクと言います。
完パケ	楽曲が販売できるレベルまで作り込まれた状態のことを完パケ（完全パッケージメディアの略）と言います。
DTM	Desktop Music の略でパソコンを使った音楽制作のことを言います。
デモ	販売（もしくは発表）前の仮段階の音源のことを言います。どういった楽曲なのかを相手に伝えるために制作されます。デモはデモテープやデモ音源とも呼ばれます。
ピッチ	音楽では音の高さのことをピッチと言います。たとえば「ボーカルのピッチが悪い」は「ボーカルの音程が悪い」という意味になります。
プリプロ	プリプロダクションの略で、本番のレコーディングに入る前の準備作業になります。楽器編成や楽曲の構成、キー、テンポ、歌詞などを確認したり、試し録りなどもします。
ミキシング	楽曲のパートごとで音量や定位を決めたり、エフェクトをかけたりしながら楽曲全体が聴きやすくなるようにバランスを調整する作業です。
マスタリング	CD などの原盤を作成する作業です。最近では音楽ソフトで楽曲全体の最終バランス（音質や音圧など）を調整する作業をマスタリングとも言います。
ユニゾン	同じ旋律を同じ音程で歌ったり、演奏したりすることをユニゾンと言います。
リフレイン	同じフレーズやメロディーが繰り返されることをリフレインと言います。

メロディーへの言葉の乗せ方（基本）

■ アクセントとイントネーションについて

　作詞をするときに、音符の数を数えることも大切ですが、音の高低を意識することも大切です。アクセントとイントネーションについて押さえておきましょう。ここでの「アクセント」は、言葉の「アクセント」であり、先述の楽典の「アクセント（＞）」とは異なるので注意してください。日本語では、アクセントもイントネーションも、どちらも音の高低を指します。単語単位の音の高低をアクセント、単語をこえた文章全体の音の高低をイントネーションと呼びます。イントネーションは日本語で抑揚とも言います。アクセントやイントネーションが変わると、言葉や文章の意味まで変わってくることがあります。次の例を見てみましょう。

【アクセントが異なると意味が異なる例】
　はし（高低）　→　箸
　はし（低高）　→　橋

　あめ（高低）　→　雨
　あめ（低高）　→　飴

【イントネーションが異なると意味が異なる例】
　パン屋でお客さんが店員さんに話しかける場面で
　「今日は休みですか（語尾が上がる♪）」　→　休みかどうかわからず、質問をしている
　「今日は休みですか（語尾が下がる↘）」　→　ポスターなどを見て休みと知り、確認もしくは落胆している

　このように、アクセントやイントネーションによって、私たちは無意識に単語や文章の意味を理解しています。作詞をするときには、この言葉や

文章の高低と、音の高低を合わせるとわかりやすくなります。

　先述の「拍」を説明したときに出てきた譜例を再度見てみましょう。

　【A】ドレミレ
　【B】ドレミレドレミレ

となっています。音の高さはド＜レ＜ミです。音を階段にたとえると、下記のようになります。

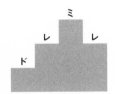

　「ドレミレ」とアクセントが合う言葉は、たとえば「会いたい」「悲しい」「淋しい」「間違い」「楽しい」など。反対に、合わない言葉は、「おかえり」「友達」「カラフル」「神様」など。

　「悲しい」はドレミレ、ですが、「悲しみ」になるとドミミミ、に聴こえますね。

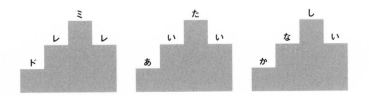

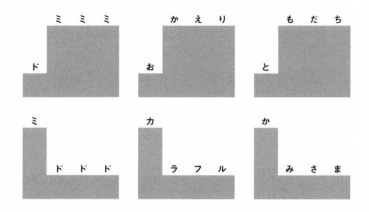

▪ 文節を意識する

　歌詞を書くときには、「文節」を意識することが大切です。

　「文節」とは、文章を、言葉として不自然にならないようにできるだけ短く区切ったものを指します。「声に出して読んだときに息を吸って良いところ」「文にしたときに句読点を打てるところ」と考えるとわかりやすいかもしれません。たとえば下記の文章を区切るとどうなるでしょうか。

　「私はあした友だちとカラオケに行くの」

　正しい区切り方と間違った区切り方は次のようになります。（「 / 」が文節です。）

○　私は / あした / 友だちと / カラオケに / 行くの
×　私はあ / した友 / だちとカラ / オケに行 / くの

　歌詞を書くときには、メロディーを聴いて、**長く伸びる音や息継ぎをするようなところ（メロディーの切れ目）には文節（ / ）を持ってくるよう意識しましょう。**

　長く伸びる音や息継ぎをするようなところに、文節ではないところを持ってくると、先ほどの×の例のように、不自然に聴こえてしまいます。

　メロディーの切れ目に文節を持ってくることで自然と息継ぎができるようにすると、聴こえやすく、歌いやすい歌になります。

　次のメロディーに、文節を意識して歌詞をつける練習をしてみましょう。

【問い】

　上記のメロディーで気持ちよく歌える歌詞は次のうちどれでしょうか？

【A】あしたもしも　君に会えるとしたら
【B】もしもあした　もしも君に　会えるとしたら
【C】あしたは　もしかしたら君に会いに行ける

【答え】

　答えはBですね。

　Aは3音分の文字が足りません。

　Cは音数と文字数は合っているのですが、メロディーの切れ目と文節が合っていませんね。

　実際に歌ってみるとその違いがよくわかります。

▪ 音節について

　音節について押さえましょう。音節は「シラブル（syllable）」とも言います。
　音節は母音を中心とした音を区切る単位のことを指します。

母音とは、「ア・イ・ウ・エ・オ（a・i・u・e・o）」の音のことです。

日本語は五十音（あかさたな・・・）からできていますが、「ん」以外は必ず母音（a・i・u・e・o）で終わります。

たとえば、「あした」をローマ字で書くと「ASHITA」で、母音は（「A」「I」「A」）の合計3つ入っています。

この場合、「A」「SHI」「TA」と母音が入っている音を1つの塊（音節）と数えるので、「あした」は3音節となります。

▪ 長音、促音、撥音、拗音について

基本的には母音の区切り＝1音節ですが、長音（ちょうおん）、促音（そくおん）、撥音（はつおん）がある場合は、直前の音と併せて1音節となります。例と併せて紹介します。

▪ 長音（ちょうおん）

長音とは、伸ばす音のことです。「ー」で表すことができます。

「時計」⇒「と／けー」、「優等生」⇒「ゆー／とー／せー」などがあります。

▪ 促音（そくおん）

促音とは、詰まる音のことです。小さい「っ」で表します。

たとえば、「絶対」⇒「ぜっ／た／い」、「納得」⇒「なっ／と／く」などがあります。

▪ 撥音（はつおん）

撥音とは、跳ねる音のことです。「ん」で表します。

　たとえば、「時間」⇒「じ／かん」、「階段」⇒「か／い／だん」、腕自慢⇒
「う／で／じ／まん」などがあります。

▪ 拗音（ようおん）

　拗音については母音の区切り＝1音節となりますが、拗音についても押
さえておきましょう。

　拗音とは、小さい文字で書かれる「ゃ、ゅ、ょ」で表します。「あ行／や
行／わ行」を除く「いの段」（き／ぎ／し／じ／ち／ぢ／に／ひ／び／み／
り）の後につきます。

　「ちゃんと」⇒「ちゃ／ん／と」、「キャラメル」⇒「キャ／ラ／メ／ル」
などがあります。

　歌詞を書くときは、音符の数を数えて、**1音に1文字ではなく、「1音節」
を乗せることが必要です。**

　また伸ばす音符（♩ ♪や♪など）には長音（伸ばす音）を、「跳ねる音」→跳
ねる音符（♪ ♫など）には促音（詰まる音）や撥音（跳ねる音）を乗せると、
リズミカルな響きを生み出せます。文字を眺めて文字数を気にするのでは
なく、音をよく聴いて、聴きやすく、歌いやすい言葉を乗せることがとて
も大切です。

▪ 英語の乗せ方

　英語の歌詞を乗せるときも、基本的に1音に1音節を乗せればよいです。
しかし、日本語の音節と英語の音節（syllable）はその構造が異なります。

　日本語は、「ん」以外は必ず母音で終わる単語でできていますが、英語は
そうではありません。母音で終わる単語は少なく、子音で終わる単語が多
くなっています。そのため、日本語では音節＝母音が入っている音で区切
れば良いのですが、英語ではそうはいきません。

たとえば「クリスマス」は日本語では「KU・RI・SU・MA・SU」で5音節です。

　しかし英語だと「Christ・mas」で2音節となります。

　「フレンド」は日本語では「FU・REN・DO」で3音節ですが、

　英語だと「Friend」と区切りなしの1音節となります。

　このように、英語の場合でも辞書に載っている音節で区切れば、自然に音に乗せることができますが、1つひとつの単語の音節を調べるのは大変です。実際に声に出して、音に乗せて歌えるかを確かめることが近道といえます。

　また、英語は日本語に比べて少ない音でたくさんのことを伝えられると言われます。

　英語で「あなたは」と言いたければ「You」の1音だけあれば良いのですが、日本語では「あ」「な」「た」「は」と4音必要です。日本語での作詞は、英語に比べて、いかに言葉を省略しながら伝えたいことを伝えるかという難しさがあります。日本語で歌詞を書くときも、英語を使ってはいけないという決まりはありません。音数が足りないと感じたら、ところどころで英語を使う工夫をしてみるのも良いでしょう。

▪ メロディーの切れ目を探そう

　次のメロディーをもとに、メロディーの切れ目を探す練習をしてみましょう。

【問い】

　メロディーの切れ目を探して、メロディーを4分割してみましょう。

　さて、あなたはどのように区切ったでしょうか？

【答え】

　実はこのメロディー、切れ目はいくつものパターンが考えられます。

メロディーの区切り方の例

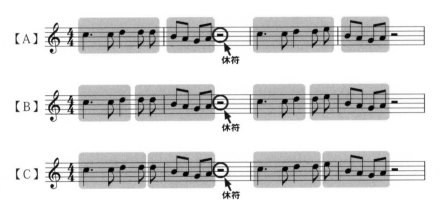

　まず、譜面で休符があるところはメロディーの切れ目だと考えましょう。それ以外のところは、必ずここで区切らないといけない、という決まりはありません。

　【A】【B】【C】のどれもメロディーの切れ目としては間違っていませんが、区切り方によって印象が変わってきます。たとえば3パターンそれぞれに歌詞を乗せてみましょう。

【A】

　1．大好きな　あなたに　今すぐに　会いたい

　2．夢にまで　出るほど　あなただけ　好きなの

【B】

1. やっぱり　大好きだよ　ちょっぴり　せつないほど
2・いつも　どんなときも　すぐに　会いたいんだ

【C】

1. いつだって　思ってる　あなたが　好きだって
2. だってだって　好きだから　もっともっと　愛してよ

※1音で2文字を歌う場合に下線を引いています。

どれも歌詞として成り立ちますが、【C】の2がリズミカルで際立っていると思いませんか？

たとえば最初に A の区切り方でメロディーを聴いていたとします。しかし、「最初の5音の塊」にどうもしっくりくる言葉が浮かばないというときに、区切り方を変えて【C】のように聴いてみます。区切り方を変えることで、「最初の4音の塊」に似合う言葉を探すことになります。そうして初めて「だってだって」という言葉を導くことができるのです。

では、この乗せ方はどうでしょうか。

【D】

1. 大好きな　あなたに　すぐに　会いたいんだ

休符で区切られた前後でメロディーは同じ形をしています。【D】も間違いではありませんが、「同じ形をしているメロディー」を感じ取って、【A】【B】【C】のように前後の言葉の並びも似た形にすると、よりリズミカルで歌いやすい歌詞を作ることができます。

　このように、メロディーの切れ目を意識することで、メロディーの聴こえ方が変わり、メロディーに合う言葉を思いつくことがあります。作詞をするときはメロディーを何度も聴いて、より良い区切り方や言葉選びをしていくことが大切です。

メロディーへの言葉の乗せ方（応用）

▪ メロディーに言葉を乗せてみよう

　上記のメロディーの最初の2音に乗せる音を意識して言葉を考えてみましょう。休符が入っているので、1音＋1音ですね。これは簡単に見えて少し難しいかもしれません。

　まず、音符1つに対してかな1文字を乗せると、どんな言葉が浮かぶでしょうか。

【E】な、つ、がきた（かな1文字を乗せるパターン）

　歌えなくはないのですが、なんだかメロディーのリズムを活かせていない感じがしませんか？
　そこで、たとえば長音、促音、撥音、拗音を使って乗せてみると以下のようになります。

【F】ねえ、ねえ、見せて！（長音を乗せるパターン）
【G】えっ、えっ、マジか！（促音を乗せるパターン）

【H】<u>なん</u>、<u>なん</u>、なんでよ？（撥音を乗せるパターン）
【I】<u>ちょ</u>、<u>ちょ</u>、待ってよ！（拗音を乗せるパターン）

【E】よりも自然に、リズミカルに聴こえるのではないでしょうか。
　このように、「1音に1文字」と考えているとうまくリズムを活かせない
こともあります。そういったときに長音、促音、撥音、拗音が役に立つと
きがあります。

▪ 1音に2文字以上を乗せられるメロディーのパターン

　「1音に1文字」ではなく「1音に1音節」をきっちり守るべきかという
とそうとは限りません。自然に歌えるのなら、音節にこだわりすぎなくて
も大丈夫です。

　1音に2音節以上を乗せられるのは、基本的に
・（先ほどのメロディーの頭から1、2音のように）次の音が遠い場合
・（先ほどのメロディーの頭から3音のように）長く伸ばす音の場合
の2パターンです。
　この2パターン以外でも2音節以上が乗ることがありますが、言葉が詰
まって窮屈になり、歌うと不自然になることが多いです。

　たとえば下記のような言葉を乗せてみましょう。

【J】会い　　たい　　毎日！
【K】ぜん　　ぜん　　興味ない！
【L】Yes,Yes,I love you!

　【J】の「あい」も「たい」も2音節ですが、歌ったときに不自然な感
じがしません。
　【K】の「きょう」も、2音節ですが、こちらも自然に歌えますね。

【L】のように、音節にこだわらず、英語できれいに聴こえるように乗せることもできます。

音節や文節など、難しいことをたくさん書いてきましたが、**大切なのは言葉やメロディーの規則を覚えることではなく、「歌いにくい」「聴こえにくい」といった NG パターンを感覚として知ることです**。言葉や歌詞とにらめっこしているだけでは良い歌詞は書けません。ポイントは実際に歌ってリズムを確かめること。頭で考えすぎずに、歌いながら、気持ちの良い音を探しながら作詞をすることが大切です。

▪ ラップ歌詞には音符がない

音符への言葉の乗せ方を学んできましたが、歌詞を書くときに、ラップ歌詞を書く場面があるかもしれません。譜面を渡されたとしても、ラップの箇所は音符がないことがほとんどです。

ラップの歌い回しや抑揚のことを「フロウ」と言います。フロウは、ラップにおけるメロディーのような役割をします。ラップの歌詞を書くときには音符がないので、自分でメロディーのような歌い方を決めながら歌詞を乗せていくことになります。ラップは、音符がない中で作詞と作曲を同時に行うようなものです。作詞家にとっては唯一メロディーを作るような感覚です。

音数などの自由度が高い分、難しく感じるかもしれませんが、音符に言葉を乗せるときと同様、実際に歌いながら作ることでリズミカルで歌いやすいラップになります。

▪ 掛け合いの言葉の切れ目を意識しよう

歌の中で、掛け合いが出てくる場合があります。掛け合いがあるときの歌詞の作り方について見ていきましょう。

掛け合いとは、基本のメロディーと合いの手のメロディーを交互に繰り返すことを言います。合いの手には以下のようなものがあります。

①掛け声の合いの手
②基本のメロディーと異なるメロディーで応える合いの手
③基本のメロディーを繰り返す（輪唱のような）合いの手

　掛け声の場合は、譜面に音として書かれなかったり、特殊な形の音符で書かれたりすることがあります。どのパターンでも、譜面だけでなく音源を聴いてどんな音に言葉を乗せるのかを判断しましょう。

　先ほどのメロディーに合いの手が入った譜面を確認してみましょう。

　先ほど、下記の歌詞がリズミカルで良いと述べました。

【C】
　2.だってだって　好きだから　もっともっと　愛してよ

　しかし、掛け声が入ることで、この乗せ方は難しくなってしまいます。
　合いの手を書くときのポイントは、基本的に、合いの手を１つの音の塊として意味が通じるようにすることです。

　この歌詞だと合いの手が「きだから」「いしてよ」となってしまい、合いの手だけを書くと意味が通じなくなってしまいます。

　合いの手を4音にするには、先ほどの例だと【A】の歌詞があてはまります。

【A】

　1．大好きな　あなたに　今すぐに　会いたい

　こちらであれば合いの手が「あなたに」「会いたい」となり、意味が通じますね。このように、掛け合いがある場合は、合いの手の音数をヒントに文節を区切るのも1つの方法です。

印象的なメロディーの探し方

▪ メロディーに耳を澄ませる

　ここまでいくつかのメロディーを聴きながら言葉を乗せてきました。テーマや言いたいことが決まっていても、それを無理やりメロディーに乗せるのではなく、メロディーが何を伝えようとしているのかを受け取ることが大切です。たとえば「好き」という気持ちを書きたいのだとしても、メロディーが切ない雰囲気であれば、言いたくても言えない、など切なさをこめた「好き」を表現します。明るいメロディーであれば明るく「好き」と伝えるような言葉を選びます。このように、メロディーに耳を澄ませて、メロディーに似合う言葉を選ぶようにしましょう。

▪ メロディーを覚えるまで何回も聴く

　メロディーが何を伝えようとしているのかは、曲を1度聴いただけでは受け取れないことも多々あります。作詞家は、メロディーを何回も聴いて、曲の雰囲気をしっかりとつかんでから歌詞を書き始めるようにしましょう。目安としては、メロディーを覚えて空で歌えるようになるくらいまで。覚えたメロディーを口ずさみながら歩いていたら不意に良いフレーズが閃いた、ということはよくあります。そして、そういうときに出てきたフレーズは、机に向かってがんばっているときには出てこない自然なフレーズで、結果的にキラーフレーズになることもよくあります。何度もメロディーを聴くことで初めて生まれてくるフレーズがあることを頭に入れておきましょう。

▪ 繰り返しのメロディーに注目する

　先ほどの例でもメロディーが繰り返されているものがありました。曲の中で、繰り返されるメロディーに注目することも大切です。繰り返しのメ

ロディーには繰り返しの言葉や対になる言葉を乗せるとリズミカルになります。繰り返しの部分は必ずそうしないといけないということはありませんが、メロディーによく耳を澄ませると「ここは繰り返しの言葉を乗せるべき箇所だ」と感覚でわかるようになります。そして、そういった箇所は作曲家も「繰り返しの言葉を乗せてほしい」と考えて作っているケースが多いと感じます。

▪ 高い音に注目する

　高い音にも注目してみましょう。高い音は、聴いていてとても目立ちます。高い音に乗せる歌詞も、目立って聴こえると考えましょう。高い音には、強い気持ちや主張を乗せると、歌の言いたいことがわかりやすく耳から入ってきます。せっかく高く目立つ音なのに、目立たせる必要のない歌詞を乗せるのはもったいないです。高い音も、作曲家が「ここは目立たせてほしい」と考えているケースが多いと思います。

　作曲家も作詞家も同じ「音を作る人」であり、同じゴールを目指しています。そのため、メロディーが欲しがっている言葉を作詞家が読み取ることはとても大切です。

/// *3* 章　歌のジャンルを理解する

歌のジャンルとカテゴリー

　コンペなどで募集される曲のジャンルは多岐にわたります。

　また、アーティストの目指す方向性が変わり、曲のジャンルが変わることもよくあります。

　そのため、作詞家も様々なジャンルの曲に対応することが求められます。

　歌のジャンルとカテゴリーについて見ていきましょう。

▪ 歌のジャンルについて

　歌のジャンルは昔から現代まで存在するものもあれば、現代になって新しく作られるものもあります。それぞれの特徴を押さえましょう。

【歌のジャンル】

ジャズとは

　19世紀末頃アメリカのニューオーリンズでアフリカ系アメリカ人の中から生まれた音楽と言われています。ジャズの特徴にスウィング（跳ねるような）するリズムや、その場で譜面に書かれていないフレーズを演奏するアドリブ（即興演奏）があります。

ゴスペルとは

　1930年代に奴隷としてアメリカに連れてこられたアフリカ系アメリカ人（黒人）によって作られた音楽と言われています。奴隷としての過酷な重労働の中、心のよりどころとして黒人が集まる黒人教会で歌われた祈りの歌がゴスペルの始まりになります。ゴスペルは合唱のように複数人で歌われ

ることや、1つのパートが歌ったメロディーに対して他のパートが呼応するコールアンドレスポンスなどが特徴です。

R&B とは

　Rhythm & Blues（リズム＆ブルース）の略で1940年代にアフリカ系アメリカ人の中から生まれた音楽と言われています。リズミカルなビートにブルースを乗せて歌ったものです。また近年R&Bと呼ばれているものはシンセサイザーの音色を使ったり、ドラムパートなどのビートを強調したものが多くなっています。

ロックとは

　1950年代にアメリカで生まれたジャンルです。ボーカル、ギター、ベース、ドラムを基本としたバンド編成で演奏されます。ロックという音楽のジャンル自体、裾野は幅広く定義もあいまいですが、エレキギターのサウンドが前面に押し出されたバンドサウンドのものをロックと呼んでいます。

ソウルとは

　R&Bから派生したジャンルの1つでゴスペルの色が濃く出た音楽を1960年代頃からソウル（ソウルミュージック）と呼ぶようになりました。R&Bのようなビートの上にゴスペルのようなハーモニーが乗った音楽になります。

演歌とは

　演歌の始まりは、明治時代、自由民権運動において、歌で意見を述べる「演説歌」として政治や社会への批判などに節をつけて歌っていたことにあると言われています。意外なことに、歌謡曲の1つのジャンルを指す言葉として演歌が定着したのは1960年代以降のことです。演歌は邦楽におけるソウルミュージックのような存在でしょう。

EDM とは

EDM は Electronic dance music（エレクトロニック・ダンス・ミュージック）の略でシンセサイザーの音色を使ったダンスミュージックです。クラブや音楽フェスなどで踊ることができる楽曲になります。EDM といっても範囲は広く 1990 年代に生まれた DUBSTEP（ダブステップ）や Progressive House（プログレッシブ・ハウス）、2000 年〜 2010 年代にかけて生まれた Future House（フューチャー・ハウス）、TRAP（トラップ）といった新しいジャンルなども EDM と呼ばれることがあります。

でんぱ曲とは

でんぱ曲（電波ソング）は、2000 年代初頭に成人向け PC ゲームから生まれ、アニソン（アニメソング）やゲーム音楽などへ発展していきました。基本的にハイテンションな楽曲で、萌えの要素があり、耳に残る中毒性が特徴です。転調の多用や早口言葉など、常識を覆す斬新なアプローチも多く見られます。でんぱ曲というジャンルも比較的新しいものになります。

ボカロ曲とは

歌声合成ソフトのボーカロイド（VOCALOID）で作った歌声を用いて制作された楽曲をボーカロイド曲やボカロ曲と呼びます。また、ボーカロイドを用いて楽曲を作る作曲家はボカロ P と呼ばれます。

ボカロ曲はボーカロイドに歌わせることを前提として作られています。そのため実際の人間が歌うには困難に感じるような、広い音域や音の跳躍、早口言葉や難しいリズム、速いテンポなどで作られた楽曲もあるのが特徴です。

ボカロ曲は 2007 年頃から動画投稿サイトにボーカロイドに歌わせた楽曲を投稿することから生まれた比較的新しいジャンルです。

▪ **歌のカテゴリーについて**

　歌のカテゴリーは音楽ジャンルとは異なり、もう少し大きなくくりとなります。カテゴリーの中に、複数の音楽ジャンルが含まれます。

　歌のカテゴリーには次のようなものがあります。

【歌のカテゴリー】

ポップミュージック、ポップス（POPS）とは

　ポップス（ポップミュージック）とは、ポピュラー・ミュージックの略語で、大衆音楽のことを指します。曲調による分類ではなく、ヒットチャートに入るような、広く聴かれ親しまれる曲をまとめて「ポップス」ということもあります。

　日本のポピュラー・ミュージックをJ-POPと言います。J-POPという用語が一般的に使われるようになったのは1980年代後半頃と言われています。

　J-POPに対して、韓国のポピュラー・ミュージックを指す言葉としてK-POPという言葉が使われるようになりました。

洋楽とは

　西洋の音楽のことを洋楽と言い、日本の音楽のことを邦楽と言います。また西洋の音楽ではないものでも邦楽以外の音楽という意味で洋楽と呼ばれたりもします。

　また、西洋に限らず、世界各地のポピュラー音楽を「ワールドミュージック」と呼びます。

歌謡曲とは

　歌謡曲も大衆音楽の1つです。主に昭和に流行したポピュラー・ミュージックを総じて歌謡曲と呼びます。それまで「流行歌」や「はやり歌」と呼ばれていたものが昭和に入ってから次第に歌謡曲と呼ばれるようになりました。ポップスと同様、大衆に広く聴かれ親しまれる楽曲で、主にレコー

ドやラジオ、テレビ等のマスメディアを通して伝えられていくという特徴
があります。

アニソンとは

　アニソンとは、「アニメソング」の略語です。アニメ作品で使用される楽
曲の総称を指します。アニソンには、主題歌や挿入歌（劇中歌）、キャラソ
ンなどが含まれます。

　キャラソンは「キャラクターソング」の略称です。キャラソンは、基本
的にアニメに登場するキャラクター名義でリリースする楽曲で、キャラク
ターの声を担当した声優が歌い手となります。

映画音楽とは

　映画音楽とは、映画作品で使用される楽曲の総称です。映画音楽には様々
な音楽ジャンルが含まれます。映画音楽は、映画の映像効果を高める目的
で使用され、歌詞がついた曲だけでなく、歌詞のない曲もあります。映画
の内容に合った曲を制作したり、既存楽曲を映画に合わせて編曲したりす
ることがあります。

ミュージカルソングとは

　ミュージカルソングとは、ミュージカル作品で使用される主題歌や挿入
歌などの楽曲の総称です。役者が舞台上でセリフを言いながら演じるのが
演劇、役者が舞台上でセリフを言うだけではなく、踊ったり歌ったりしな
がら演じるのがミュージカルです。ミュージカルソングは、歌詞がセリフ
になっているのが特徴です。

　ディズニー映画のアラジンや美女と野獣、アナと雪の女王などは、「ディ
ズニー・ミュージカル映画」と呼ばれます。これらの作品の中で使われる
歌も、歌詞がセリフになっているという特徴があります。

▪ 歌のカテゴリーマップ

歌のカテゴリーを図にしたものが下記です。

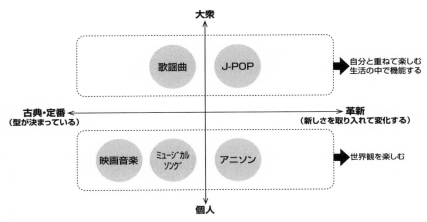

図3-1

▪ 大衆的な音楽の歌詞の特徴

　図の上半分「大衆」側に位置する音楽カテゴリー（歌謡曲、J-POP）は、カラオケでよく歌われるような、みんなが知っている歌です。たとえば、J-POP が運動会やダンスなどの学校行事で使われるなど、生活の中で機能します。また、歌詞としては、聴き手が自分と歌詞を重ねて楽しむことが多いのも特徴です。

▪ 個人的な音楽の歌詞の特徴

　図の下半分「個人」側に位置する音楽カテゴリー（アニソン、映画音楽、ミュージカルソング）は、「世界観を楽しむ」ための曲になります。主に作品の世界観に浸るために、作品を思い出しながら聴きます。そのため自分と歌詞を重ねて楽しむ歌とは一線を画しているといえるでしょう。

▪ J-POPやアニソンの中に様々な音楽のジャンルが含まれる

　ポップス（J-POP）やアニソンにに含まれる音楽ジャンルの例を挙げます。

　たとえば、EXILE TRIBE はダンスミュージックであり J-POP です。メタル×ポップス BABYMETAL は「アイドルとメタルの融合」をテーマに掲げているため、メタルであり J-POP でもあります。「テクノポップユニット」である Perfume の音楽はテクノとポップスを掛け合わせてできた J-POP です。

　他にも平原綾香さんの歌う『Jupiter』はクラシックをもとにした J-POP です。

　J-POP にはこのように、様々な音楽ジャンルを取り入れていくという特徴があります。

　また、アニソンの中にも様々な音楽のジャンルが入ります。人気アーティストの曲がアニメの主題歌に起用されることも多々あるため、アニソンも流行りを反映するといえます。また、声優アーティストが大衆に受け入れられてポピュラーになることもあります。また、キャラソンでは、多種多様なジャンルの曲が使われることがあります。

///4章 POPS、演歌、アニソンの 歌詞の特徴

　歌のジャンルとカテゴリーについて学んできました。ここからは、POPS、演歌、アニソンそれぞれの歌詞の特徴を見ていきましょう。

J-POPの歌詞の特徴

▪ 恋愛に関するテーマが多い

　J-POP の歌詞の特徴の 1 つに、恋愛に関するテーマが多いことが挙げられます。毎年のヒット曲を見ても恋愛をテーマにした曲が多いことがわかります。歌は伝えたいことがあってこそ成り立つと序章で述べました。出逢いや別れ、相手を想う気持ちなど、恋愛の持つ数々の要素は人の心を大きく動かします。そんな恋愛は、歌のテーマとして適しているため、たくさんのラブソングができたと考えられます。

▪ ダンスを想定することも多い

　ダンスを想定して作られる歌が多いのも J-POP の特徴です。理由としては、アイドルグループやダンスユニットが踊りながら歌う前提で作られることが多いためと考えられます。最近では、歌い手だけでなくリスナーも TikTok などで振り付けを楽しめるようなものを、とあらかじめ想定して楽曲を制作することもあります。また、2012 年から、中学校の体育でダンスが必修となり、若い世代にとってダンスはとても身近なものになりました。こういったことも、ダンスを想定した歌が求められる理由と考えられます。

▪ 時代や流行が反映される

　J-POP には時代や流行が反映されるという特徴があります。たとえば現代物のテレビドラマでは、基本的にドラマが放送される時期に使われているものや流行っているもの、ファッションなどが取り入れられます。J-POP の歌詞も同じで、リリースされた時代に流行っているものなどが反映されることがあります。

　たとえば、歌詞の中に携帯電話が出てくるとします。歌詞に「携帯を閉じた」や「サブディスプレイを確認」とあれば、ガラケーの時代に作られた歌だな、と思う人が多いでしょう。ガラケーを知らない世代では、意味がわからないかもしれません。歌詞に「スマホ」「既読」などの言葉が使われることもありますが、もしかしたらこれらも将来的には「懐かしい」と感じる言葉になるかもしれません。

　歌詞を書くときには、その言葉やアイテム、考え方が時代に合っているかを意識することが大切です。その時代特有の言葉を使うと、時代を映し出すというメリットがありますが、その半面、時代が流れると古く感じてしまったり、共感を得にくいというデメリットもあります。ロングヒットを狙うのであれば、普遍的な言葉を使うなどの工夫をすると良いでしょう。

　J-POP には時代や流行が反映されるということを意識し、時代の一瞬を切り取るのか、ロングヒットを狙うのか、を考えながら歌詞を書くことも大切です。

▪ 歌い手に左右される

　J-POP の歌（歌詞）に対する反応の良し悪しは、歌い手とセットで考えられます。必ずしも「万人受けする良い歌詞」である必要はありません。Ado さんの『うっせぇわ』は、歌詞こそ奇抜ですが、歌い手の Ado さんの歌声、アーティスト性と相まってヒットにつながりました。『うっせぇわ』をバラードが得意な歌手や、清楚なアイドルグループが歌うのを想像してみてください。まったく違う印象になりますね。このように、歌い手によっ

て歌（歌詞）に対する反応の良し悪しが変わるのがJ-POPの歌詞の特徴です。

　歌詞を書くときには、必ず歌い手を意識し、「このアーティストが歌うからこそ、この歌詞の良さが際立つ」と思ってもらえる歌詞を目指しましょう。

K-POPの歌詞の特徴

▪ 日本語訳と訳詞の違い

　韓国のアーティストが日本語で歌うK-POPがあるのを知っていますか？日本語で歌われているK-POPには下記のパターンがあります。

【A】もともと韓国でリリースまたは計画していて、後に（または同時に）日本語版をリリースするもの

【B】日本向けに日本語歌詞から作られるもの

　Aの場合は、タイトルの最後に「-Japanese Ver.-」などと記載されることが多くなっています。

　日本語訳とは、韓国語の歌詞を日本語に翻訳（直訳）したものを指します。それに対して日本語訳詞は、意味を変えずに歌える形に整えたものになります。

　日本語訳は、意味は通じますが音数がメロディーと合っていないため歌えません。それを歌えるようにするのが訳詞です。

　K-POPの日本語訳詞の歌詞コンペでは、韓国語の歌詞と日本語訳を渡されて、そこから日本語で歌えるような「日本語訳詞」を作ります。

　韓国語歌詞には、カタカナやローマ字などで読み方が併せて記載されている場合もあります。

▪ タイトル、テーマ、サビを変えずに作るのが基本

　K-POP の日本語訳詞は、すでにある歌詞を日本語で歌えるようにするものです。そのため、歌詞のテーマやストーリーなどをいちから考える必要はありません。歌詞のテーマやストーリー構成、サビなどはすでに決まっており、もとの歌詞をできるだけ忠実に再現することを求められることがほとんどです。

　また、タイトルについてもすでに決まっている場合が多いです。英語のタイトルであればそのまま「-Japanese ver.-」がついたタイトルになります。また、もともと韓国語のタイトルの場合、読み方をカタカナ表記にしたものに「-Japanese ver.-」がつきます。ときに、韓国語のタイトルの意味を変えずに日本語にするか、日本語オリジナルのタイトルを求められる場合もあります。

　このように、タイトルやテーマ、サビが決まっている分、**歌詞の中身よりも言葉のリズムや音、歌いやすさに重点を置いて書くことが必要です。**

▪ 韓国語にない音について

　韓国語で発音しにくい音は K-POP の日本語歌詞を書く際に注意しておきたいポイントです。日本語の「つ」や、ざ行「ざずぜぞ」の発音に該当する音は、韓国語にはありません。そのため、「つ」「ざずぜぞ」は韓国語をネイティブとする人には発音しにくい音となります。絶対に使ってはいけないということではありませんが、採用になった後に、これらの言葉を使わないように修正依頼が来ることもあります。これらの音はできるだけ重要な箇所には使わないようにしたり、使う場合も代替案を考えておくとスムーズに対応できます。

　とはいえ、最近では日本語が堪能な韓国人アーティストも多く、さらには韓国人メンバーだけでなく、日本人や中国人など韓国人以外のメンバーが所属するグループも多く出てきています。アーティストによっては、韓国語で発音しにくい音も問題なく歌いこなすアーティストもいるので、あ

まり過度に気にする必要はないでしょう。

▪ リップシンクについて

　日本語訳詞で最も重要なのは日本語でいかに歌いやすいかということです。そのため、リップシンクを意識することも大切です。リップシンクとは、唇の動きと音声を連動させることを指します。より自然に歌える、また聴こえるようにするため、**韓国語の歌詞と語尾の母音を揃えたり、韓国語でも日本語でもなるべく同じ口の形で歌えるように工夫したりします。**

　リップシンクが重要なのはK-POPの日本語訳詞だけではありません。英語歌詞の日本語訳詞も同様の工夫がされることがよくあります。ディズニー・ミュージカルがわかりやすい例です。たとえば、映画『アナと雪の女王』の主題歌／劇中歌の『レット・イット・ゴー〜ありのままで〜』。作中でエルサがこの歌を歌う場面がありますが、英語でも日本語でもできるだけ同じ口の形で歌えるように歌詞が工夫されています。

　このように、K-POPに限らず、外国曲の日本語訳詞では、もとの歌詞と比べながら、いかに自然に歌いやすい歌詞にするかが大切です。

演歌の歌詞の特徴

▪ 詞先で作られることが多い

　演歌の歌詞は詞先で作られることが多くなっています。それは昔も今も変わりません。言葉に対してメロディーをつけるので、音節の区切りではなく、1文字に対して1音をあてはめることが多くなっています。

▪ 五七五のリズムが多用される

　演歌は歌詞が先にありそこにメロディーをつけるため、歌詞がすでに一定のリズム感を持っていることが特徴です。とくに、「七五調」や「五七調」のリズムが使われることが多くなっています。7文字と5文字を基本に、「七・五／七・五／七・五…」と続くものを七五調、「五・七／五・七／五・七……」と続くものを五七調と言います。俳句や川柳は「五・七・五」を基本に作られています。

▪ 歌い手に左右されにくい

　J-POPの歌（歌詞）に対する反応の良し悪しは、歌い手ありきで考えられますが、演歌の歌詞の場合は、歌詞ありきで考えられます。そのため、他の歌手が歌ったら良さが消える、ということはあまりありません。演歌では、誰が歌っても同じように良いと感じるのが良い歌であり、良い歌は様々な歌手に歌い継がれていきます。演歌では、歌の良し悪しを判断する材料として歌詞が非常に大切なのです。

アニソンの歌詞の特徴

▪ 「誰もが理解」よりも「わかる人にはわかる」

　アニソンはアニメ作品で使用される楽曲の総称で、様々な音楽ジャンルが含まれます。最近では「アニソンっぽい曲」というような1つのジャンルとして扱われることも多くなっていますが、その定義はあいまいです。ここでは、アニソンにおける歌詞の特徴について見ていきましょう。

　まず、アニソンはJ-POPとは異なり、「世界観を楽しむ」ための音楽だ

と3章で述べました。アニソンの歌詞はいかにアニメ作品に心を寄せることができるかがポイントになります。

　たとえば、アニメ作品内の「あの場面のことを言っている」など歌詞から連想するシーンがあったとします。アニメ作品を見ている人にとってはとても価値のある共感ポイントですが、アニメの内容を知らない人にとっては、その良さを感じることができません。「わかる人にはわかる」のがアニソンの楽しみ方の1つといえます。

　『残酷な天使のテーゼ』や『紅蓮華』など、アニメに起用された楽曲が結果的に大衆に聴かれるようになった例もたくさんありますが、アニソンが作られる目的はあくまで作品に付随したものです。そのため、アニソンはJ-POPのように聴いて誰もが内容を理解できたり共感したりするものや、子供からお年寄りまでみんなが口ずさめるような歌でなくても良いのです。アニソンはJ-POPよりも「歌詞の意味はわからないけれどなんだかかっこいい」という歌が受け入れられやすい環境だともいえるでしょう。

▪ アニソンシンガー、声優アーティストとは

　アニソンの歌い手は主にアニソンシンガーや声優アーティストと呼ばれます。アニソンシンガーと声優アーティストには以下の違いがあります。

アニソンシンガー：アニソンをメインに歌っている歌手（影山ヒロノブ、LiSA、藍井エイル、など）
声優アーティスト：歌手活動を行っている声優（水樹奈々、田村ゆかり、坂本真綾、花澤香菜、下野紘、宮野真守など）

　また、声優アーティストは、作中のキャラクター名義で歌うこともあります。キャラソンとして歌う場合もありますし、ラブライブ！シリーズやアイドルマスターシリーズ、ウマ娘などのように、グループでテーマソングを歌うこともあります。

　アニソンの音楽ジャンルとしての定義はあいまいですが、比較的BPMが速かったり高音域の歌が多いという特徴があります。また、早口であったり、難しい歌詞の楽曲もよく見られます。声優アーティストの場合、歌い手が声のプロフェッショナルです。そのため、難しい歌を歌いこなすところに魅力を感じることも多く、J-POPに比べて、「歌うのが難しい」楽曲が好まれる傾向があります。

▪ 主題歌（テーマソング）の特徴

　主題歌（テーマソング）は、作中のキャラクターや声優アーティストが歌うこともあれば、一般的なアーティストが担当することもあります。

　アニソンの中でも主題歌は、作中のキャラクターが歌う主題歌の場合を除き、アニソンとしてだけではなくアーティストの持ち歌としての側面を持つのが特徴です。

　たとえば、あるアニメ作品の主題歌を提供したアーティストが、自身のライブでその作品を披露するとします。ライブ会場には、アニメのファンではない人や、アニメ作品に起用された歌だと知らずに聴く人がいると想定されます。そのとき、その歌は「アニソン」ではなく「アーティストの持ち歌」として聴かれます。このように、**主題歌はアニメと切り離されたところで使われることが多く、アニソンの中でも大衆寄りの歌といえるでしょう。**

　劇中歌やキャラクターソングの歌詞は、そのアニメの内容やキャラクターを知らない人には良さが伝わりにくいこともあります。一方主題歌の歌詞は、アニメ作品を知らなくてもある程度内容がわかるようなものになっています。アニメに限らず、ドラマや映画の主題歌についても同じことがいえます。主題歌は作品の世界観を表す歌詞でありながら、誰が聴いても内容がわかるように作られていることが多くなっています。

　主題歌を書く際には、作品の世界観とアーティストの世界観、どちらも考慮することが大切です。

/// *5* 章　歌詞のプロットを作る

歌のプロットを作ろう

　歌詞を書き始める前に、まずプロットを作りましょう。プロットを作ることで、歌詞のテーマや方向性がはっきりします。また、プロットを作ることはストーリーの全体を把握するためにとても大切です。歌詞を書いている途中、ゴールがどこなのか、次に書くべきことが何なのか見失ってしまうことはよくあります。そういったときに、プロットがあれば現在地を確かめ、しっかりと軌道修正することができます。

▪ プロットとは

　プロットとは、英語の「plot」のことで、小説や映画などのストーリーの構成、筋書きのことを指します。ストーリーにおける重要な出来事をまとめたものがプロットです。プロットと似たものにあらすじがあります。あらすじは、ストーリーがどんな内容であるかを読み手に対して伝えるものです。それに対してプロットは、ストーリーの書き手が内容を整理、確認するために作るものです。プロットはストーリーの設計図の役割を果たすため、制作段階で作られ、書き手はプロットをもとにストーリーを書くという流れになります。

▪ 歌と小説、漫画のプロットの違い

　プロットにはストーリーの流れだけでなく、登場人物同士の関係性や起こる出来事、伏線など様々な要素を盛り込みます。

　まず小説の場合のプロットを考えてみましょう。小説のプロットは大きく「テーマ」「設定」「ストーリー」に分けられます。テーマは、作品を通

して伝えたいこと、主張です。設定は、登場人物のプロフィールや、登場
人物同士の関係性などです。ストーリーは、全体の流れを把握するものと、
印象的なワンシーンを描写するもの、この2つに大きく分けられます。伏
線などは全体の流れとして、印象的な出来事などの細かい描写については
ワンシーンとして書き留めておきす。

　次に漫画の場合のプロットを考えてみましょう。漫画のプロットも「テーマ」
「設定」「ストーリー」については小説と同じですが、漫画のプロットでは、
ストーリー展開だけでなく、どんなコマ割で書くかなども想定する必要が
あります。小説や歌詞では「ビジュアル」は「設定」に包括することが多
いですが、漫画の場合、「設定」とは別にすることが多いようです。

《小説、漫画、歌のプロット》

プロットの内訳	プロット詳細	小説	漫画	歌詞
テーマ	主張 伝えたいこと	○	○	○
設定	登場人物 時代・場所・年齢・職業・性格・信念・ トラウマなど	○	○	○
ストーリー（全体）	【起承転結】 起：始まり、導入部 承：導入の続き、様々な出来事 転：変化、クライマックス 結：結末、オチ	○	○	×
ストーリー（ワンシーン）	【5W1H】 いつ（When） どこ（Where） 誰（Who） 何（What） なぜ（Why） どのように（How）	○	○	○
ビジュアル	容姿 しぐさ コマ割	×	○	×

　では歌の場合はどうでしょう。「テーマ」「設定」は小説や漫画と同じよ
うにありますが、「ストーリー」については小説や漫画とは異なります。歌

詞は、ストーリーを書くよりは、どちらかというとストーリーのワンシーンを切り取るイメージで書きます。

　もちろん、歌全体がストーリーになっているものもありますが、比較的ワンシーンを描いているものが多いです。

　紙芝居をイメージしてみてください。小説家や漫画家は、全体で何枚の紙芝居にするかを考えてプロットを作ります。作詞家は紙芝居の中の1枚を選んで1曲を書くイメージです。歌詞自体が長いストーリーになっている歌も例外としてはありますが、出来事だけでなく、その場面における登場人物の気持ちを掘り下げていくことが歌詞では大切です。長いストーリーではなく、紙芝居の1枚に収まる程度のストーリーを書くイメージを持ち、どんな絵にするのか、それはどんな一場面なのかをイメージしてから書き始めましょう。

　続いて歌詞におけるプロットの書き方について具体的に解説します。

楽曲のプロット、歌詞のプロット　〜テーマ、設定、ワンシーン〜

　歌のプロットは、「テーマ」「設定」「ストーリー（ワンシーン）」に分けられます。

　歌詞はストーリーのワンシーンを切り取るイメージで書くため、「テーマ」「設定」は楽曲のプロット、「ストーリー（ワンシーン）」は歌詞のプロットとして分けて考えていきます。

　コンペなどのオーダーシートではあらかじめテーマが決められていて、それに沿って歌詞を書く場合もあります。

　次のようなオーダーシートをもとに歌詞を作ることを考えてみましょう。

　春クールのドラマ主題歌の歌詞募集です。

　学園もので、「恋愛」をテーマにしたドラマの主題歌となります。主人公は CM、映画、ドラマで活躍中のモデル出身の若手女優〇〇です。本作品の主題歌も彼女が歌い、これが彼女の歌手デビューとなります。

　恋愛に臆病だった主人公が、初めて好きな人ができたことで「恋愛って素晴らしい」と気づき成長していく物語です。

　キーワードは「ひとりじゃない」「好きになってよかった」「一緒に乗り越えた壁」。

　季節は冬〜卒業まで。

　大人から子供まで共感できるような、笑えて、泣けて、温かさがあるドラマとなり、楽曲に関しては「□□」のようなしっとりとしたバラードです。

　辛いことがあってもがんばろうと思えるような歌詞をお願いします。

　　次の表（歌のプロットシート）の、右側にある①〜⑥の空欄に書き込みながらプロットを仕上げていきましょう。

《歌のプロットシート》

楽曲のプロット	楽曲のプロット内訳	楽曲のプロット詳細
テーマ	楽曲の方向性 タイアップ詳細	①
設定	歌い手（ソロ／グループ） 年齢 ファン層	②
歌詞のプロット	**歌詞のプロット内訳**	**歌詞のプロット詳細**
ストーリー（ワンシーン）	誰（Who）　＝　歌詞の主人公（キャラクター）	③
	何（What）　＝　歌詞のテーマ	④
	どのように（How）　＝歌詞のタイプ	⑤
	いつ（When） どこ（Where）　＝　歌詞のセット なぜ（Why）	⑥

▪ 1．歌のプロット：テーマ

　　歌のプロットは、どんな楽曲にしたいかといった歌全体の方向性です。ここで注意したいのは、歌のプロットの中で楽曲のプロットと歌詞のプロットを分けて考えることです。

　　楽曲のテーマがそのまま歌詞のテーマになることもありますが、ここを分けて考えないと、歌詞における設定やテーマの輪郭が粗くなってしまいます。

　　楽曲のプロットにおける「テーマ」はあくまで楽曲としてのテーマなので、歌詞のテーマとは別と考えましょう。代表的な楽曲のテーマをまとめてみました。

楽曲の代表的なテーマ
愛（家族、友達、恋人）
感謝
別れ・旅立ち
夢・目標
友情・青春
エール（応援＆鼓舞）
ネガティブ（孤独、絶望）
人生（生と死）
日常系
その他喜怒哀楽

　　先ほどのオーダーシートには、「恋愛をテーマにしたドラマの主題歌」と書かれていました。また、曲調としては「しっとりとしたバラード」という指定がありました。これを楽曲のプロット：テーマとして、プロットシートの①にテーマを書き込んでみましょう。

楽曲のプロット	楽曲のプロット内訳	楽曲のプロット詳細
テーマ	楽曲の方向性 タイアップ詳細	恋愛 ① ドラマ主題歌 　しっとりとしたバラード
設定	歌い手（ソロ／グループ） 年齢 ファン層	②

▪ 2．歌のプロット：設定

　楽曲のプロットにおける「設定」は歌い手のプロフィールです。誰が歌うのかを確認しましょう。ほとんどの場合、歌詞を書く前に歌い手のプロフィールを確認できる場合が多いです。男性なのか女性なのか。年齢はいくつくらいか。バンドなのか、ソロなのか、グループなのかなどを確認しましょう。また、歌い手だけでなく、聴き手（ファン）がどんな人たちなのかについても調べたり想像したりすることも大切です。オーダーシートには「モデル出身の若手女優」がドラマの主人公であり主題歌を歌うと書かれていました。この女優さんのプロフィールを調べたと仮定して、年齢やファン層とともにプロットシートの②に書き込んでみましょう。

楽曲のプロット	楽曲のプロット内訳	楽曲のプロット詳細
テーマ	楽曲の方向性 タイアップ詳細	恋愛 ① ドラマ主題歌 しっとりとしたバラード
設定	歌い手（ソロ / グループ） 年齢 ファン層	モデル出身、女性ソロ ② 20代前半 10代を中心に幅広いファン層

▪ 3．歌のプロット：ストーリー（ワンシーン）

　ストーリー（ワンシーン）は5W1Hを使って考えていきます。

　5W1Hとは、いつ（When）、どこ（Where）、誰（Who）、何（What）なぜ（Why）、どのように（How）の頭文字を取ったもので、情報をわかりやすく伝えるために使われる手法です。5W1Hに沿って歌詞のプロットの作り方を解説します。

〈3-1．歌詞の主人公（Who）を決める〉

　歌詞における「誰（Who）」は、歌詞の主人公です。歌詞の主人公＝歌い手です。プロットシートの②を参考に歌詞の主人公を考えましょう。

J-POPの歌詞の印象は歌い手に左右されるので、歌詞の主人公と歌い手のキャラクターに違和感がないような、そして聴き手に受け入れられるようなキャラクターを設定しましょう。

　先ほどのオーダーシートをもとに、モデル出身で歌手デビューした女性ソロアーティストへ歌詞を提供する場合、歌詞のキャラクターはどちらがふさわしいでしょうか。

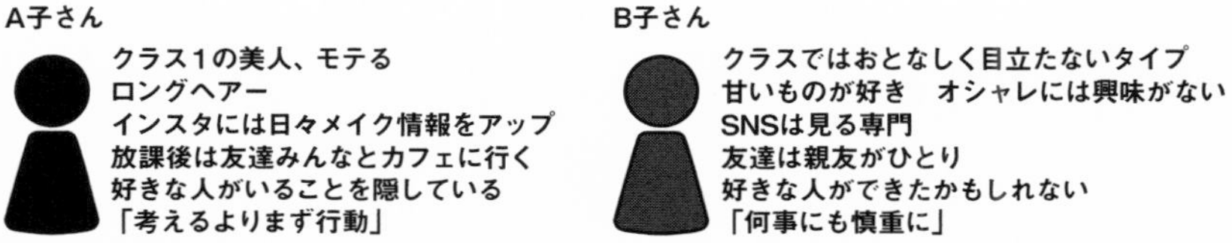

A子さん

クラス1の美人、モテる
ロングヘアー
インスタには日々メイク情報をアップ
放課後は友達みんなとカフェに行く
好きな人がいることを隠している
「考えるよりまず行動」

B子さん

クラスではおとなしく目立たないタイプ
甘いものが好き　オシャレには興味がない
SNSは見る専門
友達は親友がひとり
好きな人ができたかもしれない
「何事にも慎重に」

図5-1

　A子さんの方がこのアーティストには似合っていると思いませんか？　歌い手が「私」「僕」という歌詞を歌うことで、聴き手は自然と、歌い手と歌詞のキャラクターを重ねて聴きます。実際がどうであれモデル出身という肩書のアーティストが、「オシャレには興味ない私だけど〜」なんて歌い出したら、違和感を感じるのではないでしょうか。
　実際に歌い手が経験したことを書く必要はありませんが、歌い手のイメージを歌詞のキャラクターに活かすことが大切です。

　プロットシートの③にキャラクターを書き込んでみましょう。

歌詞プロット	歌詞のプロット内訳	歌詞のプロット詳細
ストーリー（ワンシーン）	誰（Who）＝ 歌詞の主人公（キャラクター）	③ クラス1の美人、モテる ロングヘアー インスタには日々メイク情報をアップ 放課後は友達みんなとカフェに行く 好きな人がいることを隠している
	何（What）＝ 歌詞のテーマ	④
	どのように（How）＝ 歌詞のタイプ	⑤
	いつ（When） どこ（Where）＝ 歌詞のセット なぜ（Why）	⑥

『例外①　歌詞の主人公と歌い手の性別が異なる場合』

　歌詞の主人公と歌い手の性別が異なる場合があります。

　たとえば、世の中には女性アイドルグループがたくさんありますが、彼女たちの歌の中には男性が主人公の曲も多数あります。それらの曲には男性ファンが歌詞の内容に共感できるという特徴があります。

　反対に男性アーティストが歌う女性目線のラブソングには、『愛のかたまり』（KinKi Kids）『Squall』『milk tea』（福山雅治）などがあります。男性の声で歌う女性目線の歌詞はセクシーさも生み出すことがあります。

　また、福山雅治さんのようなシンガーソングライターが異性のアーティストに提供した曲をセルフカバーするパターンもあります。異性目線の歌詞は比較的珍しいため、インパクトを与えることができます。

　1つ気をつけたいのは、一人称だけで性別を判断してはいけないということです。自分のことを男性が必ず「僕」「俺」、女性が必ず「私」と呼ぶとは限りません。男性でも「私」ということがありますし、女性でも「僕」ということがあります（「僕っ子」「ボクっ娘」と言います）。

　歌詞の主人公と歌い手の性別を必ず合わせないといけないわけではありませんが、歌い手の性別、歌詞の主人公の性別、一人称をしっかりとプロッ

トで決めておきましょう。

『例外②　歌詞の主人公が人間以外の場合』

　歌詞の主人公が動物や神様など人間以外の場合もあります。このような
パターンは少ないので、一般的に歌を聴くときには人間が主人公だと思っ
て聴きます。主人公が誰なのかをあらかじめリスナーにわからせたい場合
は、歌い出しやタイトルで「人間以外が主人公の歌詞である」とわかるよ
うに工夫されていることが多いです。『黒猫道』（東京事変）、『オレ、天使』
（ポルノグラフィティ）などがその例です。

　また、主人公が神様と明らかにはされていないものの、「人間はみな○○」
など神のような目線で書かれる哲学的な歌詞もあります。

〈3-2.　歌詞のテーマ（What）を決める〉

　次に、歌詞で「何（What）」を歌うのか、つまりテーマを決めましょう。
歌詞のテーマは、楽曲のテーマを参照しながら別で考えます。歌詞のテー
マとは、主張、歌によって伝えたいことです。先ほど、楽曲の代表的なテー
マを提示しました。しかし、歌詞のプロットとしては楽曲のプロットだけ
では不十分です。選んだテーマをもう少し掘り下げる必要があります。

　オーダーシートには、「恋愛って素晴らしい」「ひとりじゃない」「辛いこ
とがあってもがんばろう」など、テーマになりそうな言葉がたくさんあって
悩んでしまうと思います。オーダーシートには、歌詞のテーマだけでなく細
かなキーワードや、アーティストの方向性、タイアップする作品のテーマな
ど様々な要素が盛り込まれていることも多々あります。オーダーシートはあ
くまでも楽曲のプロットと考えましょう。オーダーシートの内容を参考にし
つつ、歌詞のテーマは作詞家が自らしっかりと決めることが大切です。

　では、いくつもある要素の中で何をテーマにしたら良いのでしょうか。
ポイントは「気持ち」をテーマにすることです。

歌詞のテーマになる要素	歌詞のテーマにならない要素
恋愛って素晴らしい	恋愛
ひとりじゃない（ありがとう）	冬
好きになってよかった	卒業
辛いことがあってもがんばろう	一緒に乗り越えた壁
	笑えて泣ける
	温かい
	バラード

　表の左側の「恋愛って素晴らしい」「辛いことがあってもがんばろう」「好きになってよかった」は、気持ちですね。気持ちはテーマになるので、左側のどれか1つをテーマとするのが良いでしょう。「ひとりじゃない」は、気持ちから一歩遠いところにいますので、「ありがとう」という気持ちを追加しています。こうすることで、気持ち＝テーマとして成り立ちます。

　しかし、表の右側は気持ちではありません。「恋愛」がテーマ、と書かれているので、歌詞のテーマも恋愛、としてしまいがちですが、これはあくまで楽曲としてのテーマ「愛（家族、友達、恋人）」の1つであり、それだけだと歌詞のプロットとしては不十分です。恋愛から何を感じたか、「気持ち」の部分まで掘り下げて考えましょう。「恋愛って素晴らしい」であれば、「素晴らしい」という気持ちとなるので、歌詞のテーマとしてふさわしい要素になります。

　また、「冬」「卒業」は設定であり、気持ちではないのでテーマにはなりません。季節を意識した歌を書くときに、情景ばかりを書いてしまうことがよくあります。しかし、序章で書いた通り、「伝えたいことがあってこその歌であり、歌詞である」のです。歌のテーマには気持ちを持ってくることが原則です。

　「一緒に乗り越えた壁」はエピソードであって気持ちではありません。歌詞の中で触れても良いですが、テーマとしてはふさわしくないといえます。「笑えて泣ける」「温かい」は、ドラマの受け手が感じることです。歌の聴き手にも通じるものがあるかもしれませんが、あくまでドラマの受け手が感じる事柄です。「笑えて泣ける」「温かい」自体がテーマなのではな

く、「笑えて泣ける」「温かい」と感じるようなテーマを設定することが必要です。

「バラード」は曲に対する指示ですので、歌詞のテーマにはなりません。

もしオーダーシートがなく、自由テーマの場合でも、このようにテーマとなる「気持ち」を設定することが大切です。

『1曲にテーマは1つだけ』

歌詞のテーマは1つだけ、が原則です。先ほどのオーダーシートで、表の左側に入ったすべてを歌詞に入れ込もうとするのはおすすめしません。たしかにどれもドラマや主題歌に必要な要素ではありますが、テーマとなるものは1つに絞らないと、歌が伝えたいことがブレてしまいます。テーマを何にするのかはプロットの段階で必ず確認しておきたいことです。また、歌詞を書き終えた後にも、テーマが2つ以上入っていないかを確認することも必要です。

ここではプロットシートの④に「好きになってよかった」をテーマとして書き込んでみましょう。

歌詞プロット	歌詞のプロット内訳	歌詞のプロット詳細
ストーリー（ワンシーン）	誰（Who）　＝　歌詞の主人公（キャラクター）	クラス1の美人、モテる ロングヘアー インスタには日々メイク情報をアップ ③ 放課後は友達みんなとカフェに行く 好きな人がいることを隠している
	何（What）　＝　歌詞のテーマ	④ 好きになって良かった
	どのように（How）　＝　歌詞のタイプ	⑤
	いつ（When） どこ（Where）　＝　歌詞のセット なぜ（Why）	⑥

〈3-3. 歌詞のタイプ（How）を決める〉

　テーマが決まったら、次はそのテーマを「どのように（How）」書くかを考えます。「どのように（How）」は曲調によっても変わります。真面目にストレートに愛を伝える歌なのか、面白おかしく踊りながら愛を伝える歌なのかなどの方向性を決めておきましょう。

　歌詞の主なタイプは以下の通りです。これは一般的に言われている○○ソングという分類をもとに、作者がわかりやすいように考えたものです。

歌詞の主なタイプ	解説
ストーリーソング	歌詞が物語風に書かれている歌
モチーフソング	心情や状況などをアイテムにたとえて表現する歌
メッセージソング	歌のテーマ、主張をストレートに伝える歌
哲学ソング	歌のテーマを哲学的なアプローチで伝える歌
コミックソング トンチキソング	面白さに重点を置いて作られた歌
イベントソング	クリスマス、ハロウィンなど特定のイベントを意識して作られた歌
季節ソング	歌の中で春夏秋冬の魅力を描写した歌
パーティーソング	歌を聴く、歌う、踊るなどして盛り上がることを想定して作られた歌
応援歌	鼓舞、応援することを目的とした歌

『タイプは掛け合わせても良い』

　テーマは1曲に1つが原則ですが、タイプについては掛け合わせても大丈夫です。先ほどの例であれば、

　テーマ：好きになってよかった

　　　　　　　　　　×

　　　ストーリーソング（物語風）
　　　季節ソング（冬、卒業前）

　このように設定できます。「冬」がテーマではなくタイプだということがわかりますね。

プロットシートの⑤に歌詞のタイプを書き込んでみましょう。

歌詞プロット	歌詞のプロット内訳	歌詞のプロット詳細
ストーリー（ワンシーン）	誰（Who） ＝ 歌詞の主人公（キャラクター）	③ クラス1の美人、モテる ロングヘアー インスタには日々メイク情報をアップ 放課後は友達みんなとカフェに行く 好きな人がいることを隠している
	何（What） ＝ 歌詞のテーマ	④ 好きになって良かった
	どのように（How） ＝ 歌詞のタイプ	⑤ ストーリーソング × 冬
	いつ（When） どこ（Where） ＝ 歌詞のセット なぜ（Why）	⑥

〈3−4. 歌詞のセット（When）（Where）を作る〉

　歌詞において、「いつ（When）」「どこ（Where）」を作るのは必須ではありません。というのも、ストーリーソング（物語風の歌詞）かそうでないかで必要性が変わるからです。ストーリーソング（物語風の歌詞）の場合は、歌詞の中に描かないとしても、「いつ（When）」「どこ（Where）」で起きているエピソードなのかを決めておくと歌詞に深みが出ます。なぜ（Why）については後述します。

　「いつ（When）」「どこ（Where）」は歌詞の舞台設定、セットです。作詞は、紙芝居の中の1枚を選んで1曲を書くイメージだとお伝えしました。その1枚の絵をイメージしてみましょう。CDならジャケット、配信ならアイコンになる画像をイメージすると良いでしょう。

『ストーリーソング（物語風の歌詞）の場合』

　ストーリーソング（物語風の歌詞）の場合、実際に歌詞の中に情景などが登場するため、この設定はとても大切です。ここでは雪の降る日の帰り

道に好きな人とふたりで歩いている、というセットを作ってみましょう。雪、とひと口に言っても、どんな雪なのか、その雪に対してどう感じるかなど様々です。東北や北陸地方を設定するのであれば、「今年も歩けないほどの大雪」となりますし、東京であれば「珍しく雪が降ってはしゃぐ」となります。

　また、情景と主人公の心情を関連付けるように書いていくと良いでしょう。

> 冷たい雪　心も冷え切ったまま

　と書くか

> 冷たい雪も温かく感じる　君といれば

　と書くかでは主人公の心情やストーリーも変わってきます。

『ストーリーソング（物語風の歌詞）ではない場合』

　歌詞は必ずしもストーリーソング（物語風の歌詞）であるとは限りません。ストレートに気持ちを叫ぶようなメッセージソングや、面白い単語を並べただけのように聴こえるパーティーソングは、ストーリーがあまり描かれないことも多々あります。しかし、ストーリーソングでなくても、「心象風景」が登場することは多々あります。実際に歌詞に書かないとしても、1つセットを考えておくことで歌詞の軸ができるので、1つ絵をイメージしておくことをおすすめします。

『「なぜ（Why）」を作ると説得力が増す』

　「なぜ（Why）」についても必須ではありませんが、あると歌詞に説得力が増します。たとえば、「間違いも大丈夫と笑ってくれた」など、相手を好きになったきっかけや、「卒業したら会えなくなってしまうから伝えたい」など、ストーリーを少し深く掘り下げて理由を作ると、キャラクターが際立ち、共感にもつながりやすくなります。

プロットシートの⑥に歌詞のセットを書き込んでみましょう。

歌詞プロット	歌詞のプロット内訳	歌詞のプロット詳細
ストーリー（ワンシーン）	誰（Who） ＝ 歌詞の主人公（キャラクター）	③ クラス1の美人、モテる ロングヘアー インスタには日々メイク情報をアップ 放課後は友達みんなとカフェに行く 好きな人がいることを隠している
	何（What） ＝ 歌詞のテーマ	④ 好きになって良かった
	どのように（How） ＝ 歌詞のタイプ	⑤ ストーリーソング × 冬
	いつ（When） どこ（Where） ＝ 歌詞のセット なぜ（Why）	⑥ When：現代、冬（〜卒業） Where：学校、放課後 Why：もうすぐ会えなくなるから気持ちを伝えたい

▪ 歌のプロット　〜まとめ〜

　今までの情報をもとにプロットをまとめてみると次のようになります。

　ただやみくもに歌詞を書き始めるのではなく、このように情報を整理したうえで書き始めることで、テーマやキャラクターがブレるのを防ぐことが出来ます。歌詞は小説や漫画に比べるととても短いものです。そのため、**プロットで設定した内容すべてを歌詞の中に書くことができなくても大丈夫です。**

　たとえば、プロットでキャラクターの口癖やファッション、性格など詳細に設定したり、セットを細かく決めたりしても、歌詞に反映されるのはほんの一部ということはよくあります。だからといってプロットを作り込まず、粗い設定のまま歌詞を書き始めてしまうと、どこにでもありそうなつまらない歌詞になってしまうことがあります。歌詞の中に書ききれないとしても、キャラクターやセットをしっかりと作り込むことが大切です。

楽曲のプロット	楽曲のプロット内訳	楽曲のプロット詳細
テーマ	楽曲の方向性 タイアップ詳細	恋愛 ① ドラマ主題歌 しっとりとしたバラード
設定	歌い手（ソロ / グループ） 年齢 ファン層	モデル出身、女性ソロ ② 20 代前半 10 代を中心に幅広いファン層

歌詞プロット	歌詞のプロット内訳	歌詞のプロット詳細
ストーリー（ワンシーン）	誰（Who）　=　歌詞の主人公（キャラクター）	クラス 1 の美人、モテる ロングヘアー インスタには日々メイク情報をアップ ③ 放課後は友達みんなとカフェに行く 好きな人がいることを隠している
	何（What）　=　歌詞のテーマ	④ 好きになって良かった
	どのように（How）　=　歌詞のタイプ	⑤ ストーリーソング × 冬
	いつ（When） どこ（Where）　=　歌詞のセット なぜ（Why）	When：現代、冬（〜卒業） Where：学校、放課後 ⑥ Why：もうすぐ会えなくなるから気持ちを伝えたい

/// *6* 章　実際に書いてみる

曲の構成を知ろう

　実際に歌詞を書く前に、曲の構成について知っておきましょう。耳にすることの多い曲の構成には「A-B-C パターン」と「A-A-B-A パターン」があります。

▪ A-B-Cパターン

　J-POP などで最も多いのが「A-B-C パターン」です。
　1 番の中に、A メロ、B メロ、C メロの 3 種類のメロディーがあるパターンです。
　「A-B-C パターン」では、C メロがサビとなります。サビは楽曲の中で一番盛り上がる箇所です。A メロから始まり、B メロを経て、C メロ（サビ）へと続きます。
　A-B-C パターンには細かく分けると「A-B-C（基本形）」と「A-A（A'）-B-C（A 繰り返し）」があります。以下にそれぞれの例を挙げます。

A-B-C（基本形）
　『浪漫飛行』（米米 CLUB）、『負けないで』（ZARD）、『パプリカ』（Foorin）など

　A メロが繰り返されるのが「A-A（A'）-B-C」です。繰り返す A メロはメロディーが最初の A メロと少し変わっているもの（A'）もあります。

A-A-B-C ／ A-A'-B-C（A 繰り返し）
　『勇気 100%』（光 GENJI）、『どんなときも』（槇原敬之）、『Lemon』（米津玄師）など

　さらに A-B-C、A-A(A')-B-C それぞれ、サビから始まるパターン（サビ始まり）もあります。サビから始まる歌の最初のサビを「頭サビ」と呼びます。

C-A-B-C（サビ始まりの A-B-C）
　『TOMORROW』（岡本真夜）、『HOT LIMIT』（T.M.Revolution）など

C-A-A-B-C ／ C-A-A'-B-C（サビ始まりの A-A-B-C）
　『世界に一つだけの花』（SMAP）、『寒い夜だから』（TRF）、『残酷な天使のテーゼ』（高橋洋子）など

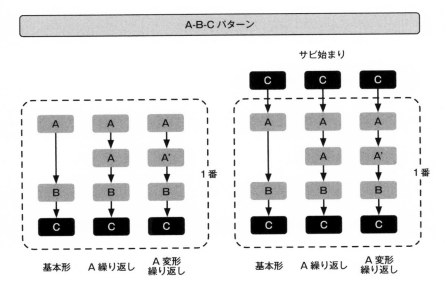

A-B-C パターン

サビ始まり

1番

基本形　　A 繰り返し　　A 変形
　　　　　　　　　　　　　繰り返し

基本形　　A 繰り返し　　A 変形
　　　　　　　　　　　　　繰り返し

※A メロを繰り返すときに繰り返した A メロを A' と表記することもありますが、ここでは繰り返した A メロが最初の A メロと少しだけ違っているメロディーのものを A' と表記しています。

図6-1

▪ A-A-B-Aパターン

　演歌や歌謡曲で多く見られるのが「A-A-B-A パターン」です。

　1番のメロディーの中に、A メロ、B メロの2種類のメロディーがある
パターンです。

　**「A-A-B-A パターン」では、A メロ、B メロでどちらがサビというように
決まっていなく、A メロがサビのように印象に残るものもあれば、B メロが
サビのように印象に残るものもあります。**

　A メロから始まり B メロを経て、A メロに戻ります。

A-A-B-A

　『クリスマス・イブ』（山下達郎）、『上を向いて歩こう』（坂本九）、『瀬
戸の花嫁』（小柳ルミ子）、『PRIDE』（今井美樹）　など

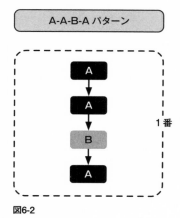

図6-2

▪ その他のパターン

　「A-B-C パターン」や「A-A-B-A パターン」の他にも様々なパターンの
曲があります。

A-A-B-A-A（A-B-A）

　『愛は勝つ』（KAN）、『これが私の生きる道』（PUFFY）など

A-A-B

　『いとしのエリー』（サザンオールスターズ）、『恋人がサンタクロース』（松任谷由実）、『YOUNG MAN（Y.M.C.A）』（西城秀樹）など

A-B-A-B-C

　『TRAIN TRAIN』（THE BLUE HEARTS）

　その他、『うっせぇわ』（Ado）や『夜に駆ける』（YOASOBI）の歌い出しのように、歌の冒頭にしか登場しないメロディーがあったり、『紅蓮華』（LiSA）のように、Bメロが頭サビのように使われていたり、『LOVE LOVE LOVE』（DREAMS COME TRUE）のようにA-A-Aと続いたりするものもあります。また、サビまでに3種類以上のメロディーが存在する歌もあります。

　曲の構成は様々なパターンがありますが、難しく考える必要はありません。**曲を聴きながら、メロディーの種類や、サビがどこかを押さえておけば大丈夫です。**

▪ 1番、ワンコーラス

　先ほどの図の、粗い点線で囲った部分が1番です。曲の頭から1番のサビの終わりまでを1コーラス（ワンコーラス）とも言います。「ワンコーラスで歌詞を書いてほしい」と言われたら、この塊を書くとイメージしましょう。まずは曲を聴いて、どの塊が「1番」なのかをメロディーから受け取りましょう。

曲の全体の構成を、「A-B-C パターン」を例に解説します。

ワンコーラス

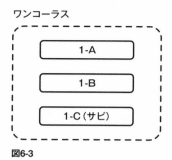

1-A

1-B

1-C（サビ）

図6-3

　こちらが1番（＝ワンコーラス）を表した図です。1番のAメロ、Bメロ、Cメロ（サビ）だとわかるように、「1-A」「1-B」「1-C（サビ）」と表記しています。

▪ 2番、ツーコーラス

　1番と2番は基本的に同じ形をしています。1番が「Aメロ」「Bメロ」「Cメロ」でできているなら、2番も1番と同じように「Aメロ」「Bメロ」「Cメロ」があるのが基本です。

　AメロもBメロもCメロも、1番と2番は基本的に同じメロディーになっています。ただし、2番で少し変形して音数が変わったり、2番ではAメロが省略されたりということは多々ありますので、しっかりと音を聴くようにしましょう。「1番＋2番」でツーコーラスとも呼ばれます。

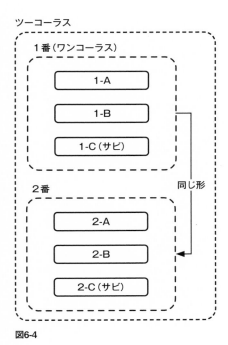

図6-4

• **フルコーラス**

　1番、2番の後に、Dメロが続くことがあります。Dメロは、歌の冒頭から2番が終わるまでに登場していないメロディーです。Dメロは「大サビ」と呼ばれることもあります。「サビ」とついていてもサビと同じメロディーではないので注意しましょう。

　Dメロの後に、さらにCメロ（サビ）が続いて曲が終わることが多くなっています。最後のCメロ（サビ）は「ラスサビ」とも呼ばれます。

　1番のAメロから最後のCメロまですべてで1曲全部＝フルコーラス（次ページ図6-5）となります。

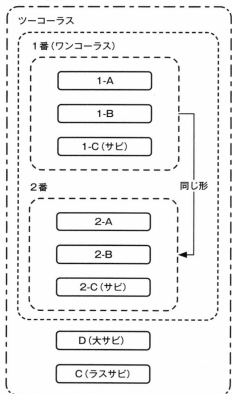

フルコーラス

ツーコーラス

1番（ワンコーラス）

1-A

1-B

1-C（サビ）

2番　　　　　　　　　　　同じ形

2-A

2-B

2-C（サビ）

D（大サビ）

C（ラスサビ）

図6-5

・ワンハーフ

　1番（ワンコーラス）に、最後のCメロ（ラスサビ）を付け加えたものをワンハーフと呼びます。Dメロ（大サビ）がある場合は、1番（ワンコーラス）＋Dメロ（大サビ）＋最後のCメロ（ラスサビ）となります。

　作詞をするときに、多くの場合で曲のサイズの指定があります。

　「音源のサイズで書いてください」と言われたときは、渡された音源と同じサイズで書きます。

　「ワンハーフで書いてください」と言われたときには、1番＋最後のC

メロ（ラスサビ）で書きます。音源は1番までしかなくても、歌詞はワンハーフで書く必要があるということもあります。また、音源にすでにDメロ（大サビ）とラスサビが入っていれば、Dメロも含めて歌詞を書く必要があります。

　「フルコーラス書いてください」と言われたときには、前述したように1曲すべての歌詞を書きます。音源も同じようにフルサイズで渡されることが多くなっています。

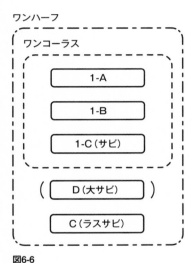

図6-6

1番に何を書くか「A-B-Cパターン」

▪ Cメロ（サビ）にはテーマ（想い、気持ち）を書く

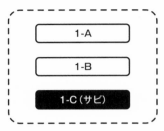

図6-7

　サビは歌の中で最も盛り上がる部分です。歌詞には「想い」「気持ち」が書かれていて、歌詞のテーマも「想い」「気持ち」であると先述しました。**テーマ、すなわち「想い」や「気持ち」を書いたものがサビになります。**気持ちは、できるだけシンプルでストレートな表現を目指しましょう。「好き」「会いたい」「嬉しい」や、セリフのような言葉など、思わず口をついて出るような言葉が望ましいでしょう。

　まずは「サビにどんな気持ちを書くのか」を決めたら、その後「どのくらいそう思っているのか」「どんな風にそう思っているのか」「そう思っているからどう行動してしまうのか」などの肉付けをしていきます。

▪ Aメロには情景、状況を書く

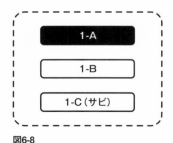

図6-8

　歌を冒頭から聴いたときに、最初に耳に入ってくるのが A メロです。**A メロは物語の導入部分で、歌全体の雰囲気を伝える役割があります。**この歌は何を歌っているのか、主人公はどんな人なのかといった情景、舞台設定が必要です。ストーリーソングの場合は、主人公がどこにいるのか、主人公の気分、ひとりなのか誰かといるのか、などの状況がわかるような表現を A メロに書きます。季節が関係する歌であれば、季語となるようなアイテムを入れる場所も A メロです。ストーリーソングの場合、実際に「絵が見える」ような表現を目指しましょう。

　ストーリーソングでない場合も、主人公の心の立ち位置がわかるような表現を A メロに書きます。A メロは B メロを経てサビに向かっていくイメージで書きましょう。サビの気持ちになったきっかけ、前提などが A メロに入っているのが望ましいでしょう。

▪ Bメロはサビの引き立て役

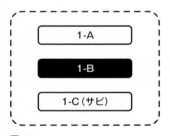

図6-9

　まず、B メロも A メロと同様、サビに向かっていくイメージを持ちましょう。B メロは A メロとサビの中間、橋渡しの役割となります。サビでは気持ち、A メロでは情景を書くという原則がありますが、B メロは比較的自由な箇所になります。A メロで書いた情景を深ぼりしても良いですし、視点を変えて寄り道をしてみるのも良いです。本文とは関係ない無意味なものを入れてみたりしてもオリジナリティが出るでしょう。ただし、1つ気をつけたいのは、サビよりも目立ってしまわないこと。あくまでサビが主

役だということを頭に入れておきましょう。Bメロは橋渡しの役割ですが、サビに向かって盛り上がりを見せる滑走路のような、Aメロを上手に引き立てるようなBメロを目指しましょう。

■ 頭サビを書く際に注意すること

サビで始まる歌の場合の、最初のサビを「頭サビ」と呼びます。また「サビ頭」「出だしサビ」などと呼ばれることもあります。サビで始まる歌の場合も、あくまで主役はCメロ（サビ）です。AメロやBメロがサビに向かって進んでいくように、頭サビもサビに向かっているイメージを持ちましょう。

サビ始まりの場合は、最初に耳に入ってくるのがAメロではなく最初のサビ（頭サビ）になります。1番のサビと同じ歌詞にしてもかまいませんが、最初に聴こえてきて違和感のないフレーズかどうかを確認しましょう。

また、頭サビは、通常のサビよりもメロディーの長さが短い場合があります。サビよりも短い頭サビは、サビの「チラ見せ」のような役割を果たします。この先を聴きたいと思わせるようなフレーズを選ぶと良いでしょう。

ドラマの主題歌や挿入歌などでは特に、最初のフレーズが耳に残ります。たとえば宇多田ヒカルさんの『君に夢中』はドラマ『最愛』の主題歌として頭サビが印象的に使われています。楽曲をドラマで効果的に使いたいというケースでは、ドラマの世界観を盛り上げながら、かつキャッチーなフレーズが求められます。

■ 歌い出し7秒の大切さ

人間の集中力が年々短くなってきているのを知っていますか？　米マイクロソフトのカナダの研究チームが2015年5月に発表した研究によると、金魚の集中力は9秒しか続かないのに対し、現代人の集中力はなんと8秒。現代人の集中力は金魚の集中力より短いというのです。これは、約2000人の参加者の脳波などを測定した結果だそうで、2000年には12秒あったヒト

の集中力の持続時間が、13年には8秒まで短くなってしまったとのことです。

　現代社会は、IT技術の進化による環境変化で、昔よりも大量の情報を処理するようになりました。世の中にあふれているインターネット上のニュースやSNSの投稿を、皆さんも大量に消費しているかもしれません。興味がなければすぐにスクロールしたりスワイプしたりしてそこから離れてしまいますよね。最近では「Instagramの文字を読まず写真しか見ない」「映画1本は長すぎて見ない」「広告15秒も待てない」などという声も聞こえてきます。集中力が落ちているのだとしたら、集中力が続いているうちに興味を持たせること、飽きられないことが大切になってきます。これは作詞だけでなく世の中のコンテンツ全般にいえることでしょう。

　つまり歌詞では、最初の数秒が勝負。Aメロの歌い出し、頭サビの歌い出しはどちらも手を抜いてはいけない部分です。「最初の7秒」に勝負をかけて、しっかりと表現を練るようにしてみましょう。

1番に何を書くか「A-A-B-Aパターン」

▪ サビの役割を果たすメロディーを見極める

A-A-B-A パターンの場合は、サビとなるメロディーが A メロか B メロかを見極め、サビとなる箇所に「想い」や「気持ち」を書きます。A-B-C パターンと同様、全体の流れを意識しながら書いていきましょう。

▪ Aメロは物語の導入部とBメロを兼ねる

A-A-B-A パターンの場合も、A メロは物語の導入部となります。基本的には A-B-C パターンと同じですが、サビへの橋渡しとなるメロディーがないので、A メロは A-B-C パターンにおける B メロの役割も担います。A メロが繰り返される場合、2つ目の A メロは上手に B メロにつなげる工夫が必要です。また、A メロが繰り返されない場合、文字数が少ないまま B メロに進みます。全体的に1番のサイズが短くなるので、文字数に余裕がないことがほとんどです。できるだけ少ない文字数でたくさんの情報を伝える工夫が必要です。

2番以降に何を書くか

▪ 2番は1番から時間を進める

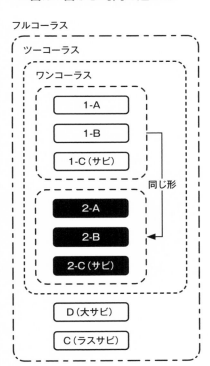

図6-10

　2番は1番と同じ形をしていると先述しました。そのため、基本的には
メロディー、文字の数も同じになります。2番は、フルコーラスを聴くと
きにだけ出てくる、「わかる人にだけわかる」部分なので、1番を書くとき
よりも比較的自由に、肩の力を抜いて書ける部分といえます。

　2番の歌詞を書くときは、1番よりも少し時間を進めるのがポイントです。
たとえば、デートの待ち合わせに向かうドキドキを1番で表現していたら、
2番はデート中のドキドキを書きます。時間を進めることで、よりサビの「気

持ち」が際立ったり主人公のキャラクターが見えたりするため、物語に深みが出てきます。

　２番の書き方は、時間を進める以外にはとくに決まった書き方はなく、表現方法は様々です。

　実際にいくつか歌を聴いて、１番に対して２番にはどんな内容が書かれているか注目してみると良いでしょう。

・ Dメロはメロディーの情緒に合った言葉を選ぶ

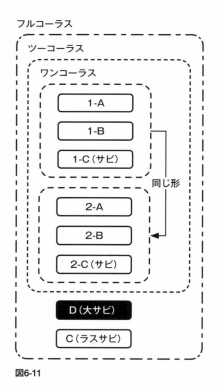

図6-11

　Ｄメロも、フルコーラスを聴く場面だけ出てくる「わかる人にだけわかる」部分であるため、自由度は高いといえます。何を言っても基本的には良い

のですが、メロディーが大きく変わる部分なので、**メロディーの情緒に合った言葉を選ぶことが大切です**。Ｄメロは１番やサビに比べ聴き手が能動的に聴いていることが多い箇所なので、この箇所は１番や２番では照れくさくて言えない濃い表現や、哲学的な表現も似合います。また、Ｄメロの後にはラスサビが続くことが多いので、Ｄメロも B メロと同様、次のサビを盛り上げる滑走路の役割を果たせるとなお良いでしょう。

　メロディーの持つ雰囲気をしっかり受け止めて、良い雰囲気を作り最後のサビにつなげていきましょう。

▪ ラスサビはダメ押しor物語の締め

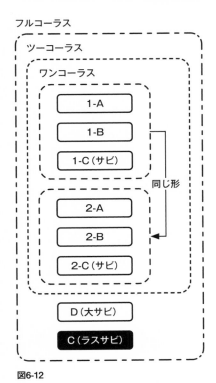

図6-12

ラスサビは基本的に1番のサビと同じと考えて良いです。「一番言いたいことを最後にもう一度伝えておくよ」というダメ押しの箇所だと思ってください。

　ただ、メロディーによってはラスサビだけ他のサビと少しメロディーが変わっていたり、サビの一部分のみを繰り返したり、メロディーにアレンジが加わっていたりする場合があります。そういった場合は、全体の雰囲気を崩さないように、物語の締めにふさわしい言葉を選びましょう。これも、いくつか実際に歌を聴いてみると違いがわかります。

▪ タイトルのつけ方

　忘れてはいけないのがタイトルです。タイトルはその歌の「顔」であり、**歌全体のキャッチコピーとなる言葉を選ぶのが基本です。**サビに言いたいこと、伝えたい気持ちが入っているので、サビに出てくる言葉をタイトルにすることが多いのですが、必ずしもそうとは限りません。歌詞全体を見渡して、内容を反映させましょう。

　歌詞は基本的に耳から入ってくる（聴覚に訴える）ものですが、タイトルだけは目で見る（視覚に訴える）ものになります。歌詞カードだけでなく、リリース情報やニュース、CMなど、文字で表現される唯一の箇所がタイトルです。そのため、**音の響きだけでなく、ぱっと見でいかに良い印象を与えるか、も重要になってきます。**

　映画や小説のタイトルなども、心地よいリズムやぱっと見の美しさを持っているものです。日常的に目にするこういったタイトルに注目して、歌のタイトル作りに活かしていくと良いでしょう。

歌詞における時間の流れをつかもう

▪ 歌の流れとストーリーの時間の流れを合わせる

　歌が進んでいくにつれて、歌詞に描かれるストーリーも少しずつ進んでいくイメージを持ちましょう。ストーリーの進み方はあまり緩急をつけず、同じ速さで流れていくのが理想です。

　先ほど2番の歌詞は1番から少し時間を進めると良いと述べました。1番でじっくりと情景描写をしていたのに2番ではストーリーが急展開する、ということのないように心がけてください。基本的に音楽は一定の速さで流れているので、ストーリーもそれと同じように、音楽の流れになじませるように書きましょう。Dメロなどで、メロディーや雰囲気が急展開する場合は、それに合わせて物語を急展開させても良いでしょう。

▪ 流れる時間は7時間以内を意識

　1曲に描かれるストーリーの中で流れる時間についても意識しましょう。たとえばデートの曲なら、支度して待ち合わせしてデートしてお別れまで。試合に勝つんだ！　という歌なら、試合に向かうところから試合中、試合が終わるまで。別れの歌なら、別れ話から別れるまで。経過時間の目安として7時間以内を意識してみましょう。もちろん、デート中の様子、試合中の様子、別れ話の最中の心情など、7時間よりも短い時間の出来事を書いても良いです。歌は、紙芝居の中の1枚（ワンシーン）を選んで書く、と5章で述べました。ストーリーのサイズが長くなると、それだけシチュエーションをたくさん書く必要が出てきます。しかし1曲の長さは決まっていて、これぞという「気持ち」を書かないといけないので、必然的に書けるシチュエーションは限られてきます。短い時間の中で、できるだけ主人公の状況や気持ちを掘り下げて物語を広げていくようにすると良いでしょう。

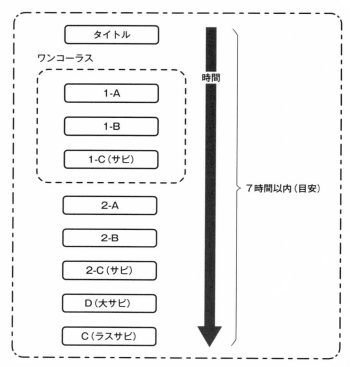

図6-13

▪ 例外：時間が流れること自体が重要な歌

　春夏秋冬や四季、時間が流れること自体がテーマに対して重要な意味を
持つ歌は、「7時間以内」の制限はないと考えましょう。『木綿のハンカチー
フ』や『大きな古時計』などがその例です。ただし、その場合も、1番と2
番は同じように時間が流れます。たとえば、1番に「春は〇〇、夏は〇〇、
秋は〇〇、冬は〇〇」という表現があれば、2番にも同様の表現を入れましょ
う。もしくは、1番で「春は〇〇、夏は〇〇」2番で「秋は〇〇、冬は〇〇」
という表現でもOKです。1曲の中でムラがないように描写するようにし
ましょう。

どこから書き始めるか

▪ 書き始める順番にルールはない

　曲の構成と、それぞれの箇所に何を書くかについて学んできました。ど　こから書き始めるかについては明確な決まりはありませんが、多いのはサビから書き始めるパターンと、Aメロから順を追って書くパターンです。最初は作成したプロットに沿ってサビから書き始めるのをおすすめします。それぞれのメリットについて見ていきましょう。

▪ サビから書き始めるメリット

　サビには歌で伝えたいこと、テーマ（想い、気持ち）を書きます。プロットでテーマを決め、それをもとにまずサビを作るという方法です。サビから書き始めることで、歌のテーマがブレないというメリットがあります。サビの中の印象的なフレーズをタイトルにする場合は、サビとタイトルが同時にでき上がります。テーマがしっかりサビとタイトルに入れば、後は肉付けの作業となります。実際に私もサビから書き始めることが多いです。サビとタイトルが決まれば7割書き終わったという感覚になります。

▪ Aメロから書き始めるメリット

　Aメロから書き始める作詞家も多いです。とくに、ストーリーソングの場合、Aメロを受けてBメロ、Bメロを受けてCメロ（サビ）、と順を追って物語を紡ぐような場合は、Aメロから順に書き始めるのが向いています。ただし、ストーリーの流れは良く書けても、サビやタイトルの印象が薄くなってしまう可能性もあります。Aメロから書き始めつつも、タイトルやサビの構想もしっかりと練っておくことをおすすめします。

・タイトルから書き始めるメリット

　タイトルから決めるという方法もあります。テーマ＝サビ＝タイトルの場合もありますが、サビの中からタイトルとなるフレーズを持ってくるのではなく、歌全体を俯瞰して見たタイトルをつける場合はこの方法が役立ちます。歌全体で言いたいことをタイトルに設定し、そこに集約するようにＡメロ、Ｂメロ、サビを作っていくイメージです。どこにでもあるようなありきたりなタイトルではなく、タイトルで勝負をかけたいときなどにとくに有効です。タイトルはサビと同じくらい曲の印象を左右する重要なものですが、タイトルにインパクトがないと、採用時に「タイトルを修正してほしい」というオーダーを受けることがあります。一度でき上がった歌詞のタイトルを変えるのは労力がいります。他に代えがたいタイトルを先につけるとタイトル変更を避けられるというメリットがあります。

歌詞の構成：実例紹介（詞先）

　プロットをもとに実際に歌詞を組み立ててみましょう。ここでは、5章で作成したプロットをもとに、耳にすることが最も多い「A-A'-B-C」パターンを想定して進めていきます。
　実際には、先に曲がある「曲先」の方が多いのですが、ここではまず詞先で書いてみましょう。

先ほど作成したプロットがこちらです。

楽曲のプロット	楽曲のプロット内訳	楽曲のプロット詳細
テーマ	楽曲の方向性 タイアップ詳細	恋愛 ① ドラマ主題歌 　しっとりとしたバラード
設定	歌い手（ソロ / グループ） 年齢 ファン層	モデル出身、女性ソロ ② 20代前半 　10代を中心に幅広いファン層

歌詞プロット	歌詞のプロット内訳	歌詞のプロット詳細
ストーリー（ワンシーン）	誰（Who）　＝　歌詞の主人公（キャラクター）	クラス1の美人、モテる ロングヘアー インスタには日々メイク情報をアップ ③ 放課後は友達みんなとカフェに行く 好きな人がいることを隠している
	何（What）　＝　歌詞のテーマ	④ 好きになって良かった
	どのように（How）　＝　歌詞のタイプ	⑤ ストーリーソング × 冬
	いつ（When） どこ（Where）　＝　歌詞のセット なぜ（Why）	When：現代、冬（〜卒業） Where：学校、放課後 ⑥ Why：もうすぐ会えなくなるから気持ちを伝えたい

▪ 詞先の実例1：Cメロ（サビ）を作る

　私の場合は先ほども少し触れましたが、まずサビから考えることが多いです。テーマ、すなわち「想い」や「気持ち」を書いたものがサビなので、プロットの「何（What）＝歌詞のテーマ」＝「好きになってよかった」がサビになります。ストレートな言葉なので、これをサビの頭に仮置きします。サビで「好きになってよかった」と思うまでのストーリーを、Aメロ、Bメロに入れるイメージで書き進めます。

　サビは「好きになってよかった」だけで終わるわけではありませんが、一度「好きになってよかった」を置いて、他の箇所を書き進めてみましょう。

【1-A】

【1-A'】

【1-B】

【1-C（サビ）】
好きになってよかった

▪ **詞先の実例2：Aメロを作る**

　楽曲のタイプ「どのように（How）」は「ストーリーソング×冬」と決めました。そのため、Aメロにはストーリーの場面設定が必要です。

　「いつ（When）」「どこ（Where）」は、

　When：現代、冬（〜卒業）

　Where：学校、放課後

　上記のことから、雪の降る日の帰り道に好きな人とふたりで歩く街並み、というセットを作りました。これをAメロに入れます。ポイントは、Aメロですぐにこの絵が浮かぶことです。

　たとえば、

雪が降る街並み　増えてく足跡　今年の初雪は　少し早いらしい

　だと、冬や雪の情景は伝わりますが、ふたりでいるのかどうかはわかりません。

雪が降る街並み　増える足跡を　数えながら歩く　君との帰り道

　だと、ふたりでいることはわかりますが、「君」が出てくるのが少し遅く感じます。

　「雪が降る街並み　増える足跡を　数えながら歩く」までは、ひとりでいるのかふたりでいるのかわからず、「君」が出てきて初めてふたりでいることがわかります。

　そこで、

> 君と歩く道に　降り積もる初雪　空からの　贈り物

としてみます。こうすることで、「冬で、雪が降っていて、君とふたりでいる」という情景を想像できます。

また、「街並み」「帰り道」という表現を入れなくても同じ情景を想像できるため、「街並み」「帰り道」は必須ではないことがわかります。短いＡメロで情景を伝えるのは実は大変です。何度も書き直して、ベストな表現を見つけるようにしてみましょう。

続く【1-A'】は、【1-A】の続きなので、書ききれなかった風景などを書いていきます。プロットの「もうすぐ会えなくなるから気持ちを伝えたい」というところを雪の情景と掛け合わせて、下記のように作ってみました。

> 続く足跡と　遠ざかる思い出　儚いからこそ　美しくて

これで、Ａメロのおおまかな流れができ上がりました。

【1-A】
君と歩く道に　降り積もる初雪　空からの　贈り物
【1-A'】
続く足跡と　遠ざかる思い出　儚いからこそ　美しくて
【1-B】

【1-C（サビ）】
好きになってよかった

▪ 詞先の実例３：Ｂメロを作る

Ｂメロは、Ａメロを受けてサビにつながるまでの比較的自由な部分です。ここでは、ストーリーに深みを持たせるために、主人公がなぜ「好きになっ

てよかった」と思ったのかをBメロに入れたいと思います。

　先ほど作成したプロットに、想像でさらに肉付けをしていくイメージです。ドラマのあらすじなどがあればそこから想像を膨らませます。ここでは、好きになった理由（なぜ（Why））を想像していきます。

　クラス1の美人でモテる主人公が、好きな人がいることを隠している。きっと、モテるから好きな人がいると誰かに言えばすぐ噂になったり、好きになった相手もモテる人ならイジワルをされたりするんじゃないか、と想像してみます。となると、きっと恋をするたびに苦しい思いをしている、でもこの人なら、苦しい思いをしなくて済むかもしれない…なんてことを考えているかも、と想像します。

　下記のような歌詞を考えてみました。

| 恋するたびに吹く　向かい風に　いつも怯えていたけど |
| 居場所を変えたなら　風の向きも変わると　教えてくれた |

　これでAメロ、Bメロのおおまかな流れができ上がりました。

【1-A】
君と歩く道に　降り積もる初雪　空からの　贈り物
【1-A'】
続く足跡と　遠ざかる思い出　儚いからこそ　美しくて
【1-B】
恋するたびに吹く　向かい風に　いつも怯えていたけど
居場所を変えたなら　風の向きも変わると　教えてくれた
【1-C（サビ）】
好きになってよかった

▪ 詞先の実例4：タイトル・Cメロを作る

　サビに「好きになってよかった」が入ることが決まりました。サビをそのままタイトルに持ってくることもあるので、タイトル「好きになってよかった」でも間違いではありませんが、タイトルとしてはもうひとひねり欲しいところです。

　ここで、タイトルと併せてサビの中身を深めていきます。

　好きになってよかった、と思い、もうすぐ会えなくなるから気持ちを伝えたい、と思っているこの主人公は、果たして気持ちを伝えられるのでしょうか。

　ここまでの歌詞のストーリーでは、まだ気持ちを伝えていません。歌詞のストーリーが7時間以内と考えると、このふたりがこの日別れるまでの間に気持ちを伝えるか、伝えられずに終わるかのどちらかしか描けないことになります。「今日は言えなかったけど、あした言う」というストーリーだとしても、「あした伝える」と決意したところまでは描けますが、実際にあした伝える情景までは描けません。

　そのため、ここでは、実際に伝えるかどうかは濁して、「伝えられない主人公」にフォーカスしていきます。さらに、Aメロ、曲全体で雪の情景を書いているので、サビでも少し季節感に触れたいと思います。タイトルになるようなフレーズをここで考えていきます。

　たとえば、初雪と恋する気持ちを絡めて「こんな気持ちは初めて」といった表現も面白そうです。

　また、寒いはずの雪でも、君といるとあたたかい、といった方向性も良さそうです。

　そこで、「あたたかい雪」という表現が思いつきました。「心にあたたかい雪が降っている」などはどうでしょう。仮にその方向性で進めてみます。

あたたかい雪

【1-A】
君と歩く道に　降り積もる初雪
空からの　贈り物

【1-A'】
続く足跡と　遠ざかる思い出
儚いからこそ　美しくて

【1-B】
恋するたびに吹く　向かい風に　いつも怯えていたけど
居場所を変えたなら　風の向きも変わると　教えてくれた

【1-C】
好きになって良かった
たとえ伝える勇気が出なくても
君想う心に
今日もあたたかい雪が積もってく

既存のタイトルを調べる

　一見完成したように思いますね。しかし、タイトルをつけたら、必ず他に同じタイトルの曲がないかを確かめましょう。歌詞検索サービスでタイトル検索したり、ブラウザで「タイトル　歌詞」で検索したり、方法は様々です。

　ここで「あたたかい雪」を検索すると永井真理子さんの『暖かい雪』、中川奈美さんの『あたたかい雪』がヒットしました。歌詞検索サイトで曲名

に「雪」が含まれる楽曲を見てみると、ゲーム「アイドルマスター」関連楽曲で『あったかな雪』という歌があるのもわかります。

　こういった場合、「暖かい」「あたたかい」→「温かい」「あったかい」など表現を変えることも1つの手ですが、できればあまり他と被らないタイトルがないかどうか再考してみます。

　このように、既存のタイトルを調べることは非常に重要です。自分では「とても良い表現を見つけた」と思っても、実際にすでに使われているということは多々あります。

　心に降り積もっている、という表現を残して、「あたたかい雪」の代わりとなる言葉を探してみます。「やさしい雪」だとどうでしょうか。こちらも、主人公の、好きな気持ちに寄り添える、良さそうな表現です。タイトル検索してみても、森恵さんの『今も、やさしい雪』はヒットしますが、「やさしい雪」「優しい雪」というタイトルは見当たりません（2022年1月4日現在）。では、サビとタイトルを「やさしい雪」に差し替えてみましょう。

やさしい雪

【1-A】
君と歩く道に　降り積もる初雪
空からの　贈り物

【1-A'】
続く足跡と　遠ざかる思い出
儚いからこそ　美しくて

【1-B】
恋するたびに吹く　向かい風に　いつも怯えていたけど
居場所を変えたなら　風の向きも変わると　教えてくれた

【1-C】

好きになって良かった

たとえ伝える勇気が出なくても

君想う心に今日も　やさしい雪が積もってく

　ここでは詞先で歌詞を書いているので、「あたたかい雪（7音）」→「やさしい雪（6音）」へ差し替えが可能でしたが、曲先の場合は、先にメロディーがあるので、音数を変えずに言葉を変える必要があります。その場合、「あたたかい雪」「やさしい雪」の部分だけでなく、もっと長い文章に手を入れる必要が出てくることもあります。

　下記に例を載せます。（　）の中が音数です。

今日も（3）　あたたかい雪が（8）　積もってく（5）　※合計16音

　→今日も（3）　やさしい雪が（7）　積もってく（5）　※合計15音、1音不足

　→今日も（3）　やさしい雪が（7）　積もってゆく（6）　※合計16音

　→また（2）　やさしい雪たち（8）　積もってゆく（6）　※合計16音

など

　曲先の場合は、音節や文節を意識して、歌いやすいように工夫しましょう。

▪ **詞先の実例5：歌詞を整える**

①詞先ではリズムを感じる歌詞にする

　さて、言いたいことをそれぞれの箇所に入れて、1番の歌詞がひとまずできました。しかし、詞先の歌詞としては少し不十分です。曲先の場合は、メロディーにあてはめて歌えるようになればひとまずゴールとなりますが、

詞先の場合は、できた詞にメロディーをつけることが前提となります。そのため、ぱっと見でリズムを感じる歌詞にする工夫が必要です。

②音数を揃えて整える

まず、【1-A】の音数がバラバラなので、音数を揃えて整えてみます。

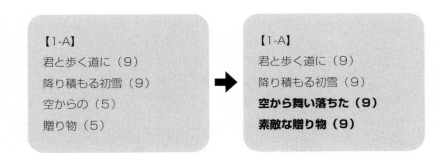

音数をすべて9にすることでリズムを合わせています。

【1-A'】は【1-A】の変形なのでまったく同じ音にする必要はありませんが、メロディーをつけやすいように、1行目の音数を9に揃えてみます。

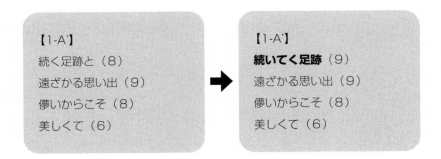

③繰り返しのメロディーを想定する

詞先の場合、メロディーをつけやすいように、繰り返しのメロディーを

想定して歌詞を書くことも大切です。ここでは、【1-B】に繰り返しを作ります。

【1-B】	【1-B】
恋するたびに吹く向かい風に いつも怯えていたけど 居場所を変えたら 風の向きも変わると 教えてくれた	恋するたびに吹く向かい風に **いつも　いつも**　怯えていたけど 居場所を変えたら 風の向きも変わると 教えてくれた

【1-C（サビ）】も、繰り返しが作れそうです。

【1-C】	【1-C】
好きになってよかった たとえ伝える勇気が出なくても 君想う心に今日も やさしい雪が積もってく	**好きになってよかった** たとえ伝える勇気が出なくても **好きになってわかった** 君想う心に今日も やさしい雪が積もってく

　音数を合わせたり、繰り返しの箇所を作ることで、メロディーがつけやすい歌詞になり、また、ぱっと見で、文章ではなく歌詞だとわかる構成になります。詞先の場合、ただ文字を並べるのではなく、このような工夫をして形を整えることが大切です。修正後の歌詞がこちらです。

《修正前》

やさしい雪

【1-A】
君と歩く道に（9）
降り積もる初雪（9）
空からの（5）
贈り物（5））

【1-A'】
続く足跡と（8）
遠ざかる思い出（9）
儚いからこそ（8）
美しくて（6）

【1-B】
恋するたびに吹く向かい風に
いつも怯えていたけど
居場所を変えたら
風の向きも変わると
教えてくれた

【1-C】
好きになってよかった
たとえ伝える勇気が出なくても
君想う心に今日も
やさしい雪が積もってく

《修正後》

やさしい雪

【1-A】
君と歩く道に（9）
降り積もる初雪（9）
空から舞い落ちた（9）
素敵な贈り物（9）

【1-A'】
続いてく足跡（9）
遠ざかる思い出（9）
儚いからこそ（8）
美しくて（6）

【1-B】
恋するたびに吹く向かい風に
いつも　いつも　怯えていたけど
居場所を変えたら
風の向きも変わると
教えてくれた

【1-C】
好きになってよかった
たとえ伝える勇気が出なくても
好きになってわかった
君想う心に今日も
やさしい雪が積もってく

実際にこの歌詞に曲をつけてみた例があります。譜面を見ながら曲を聴いてみてください。

やさしい雪

作詞：昆真由美
作曲：平賀宏之

④ 既存の歌にあてはめて作ると良い

　詞先でリズムを感じる歌詞を作るのが難しい場合は、既存の歌にあてはめて作ると良いでしょう。替え歌を作るイメージで、歌詞をすべて変えて作る方法です。既存の歌で歌えるように作ることで、自然と歌詞にリズム感が生まれるのでおすすめです。

　「やさしい雪」の歌詞をもとに作ったメロディーを曲先の練習用メロディーサンプル1として掲載します。「A-A'-B-C」構成の作詞の練習に活用いただければと思います。

　また、曲先の練習用メロディーサンプル2（アップテンポな楽曲）も用意しました。どちらも作詞の練習に活用いただければ幸いです。サンプル2の方は「A-A'-B-C-C」構成になっています。Cが2回続くときも、「C-C」をひとまとめとして考え、「A-A'-B-C」構成と同じように歌詞を書いていきましょう。

練習用メロディーサンプル１

作曲：平賀宏之

■ 練習用メロディーサンプル2（アップテンポな楽曲）

練習用メロディーサンプル２

作曲：平賀宏之

歌詞の構成：実例紹介（曲先）

　練習用メロディーサンプル１をもとに、今度は曲先で歌詞を書いてみましょう。楽曲のプロットはこれまでと同じプロットですが、曲先では、プロットを使う前にまずは下準備として歌詞の下書きから始めます。

▪ 曲先の実例１：歌詞の下書き（音数の可視化）

　まず、メロディーを聴いて、音数を把握します。これを歌詞の下書きと呼ぶことにします。メロディーサンプル１はシンセメロ（楽器の音で演奏されるメロディー）ですが、シンセメロではなく、仮歌詞がついている場合もあります。どちらの場合も、最初に音数を可視化しましょう。譜面が同時に配られている場合は譜面で確認しても良いです。私の場合は譜面ではピンとこないので、メロディーから自分なりに音数を書きます。書き方は、紙に書いても、ワープロなどで打ち込んでも、どちらでもかまいません。歌詞の下書きの方法は主に３つあります。

①〇を音符に見立てて書く
　１つは、〇を音符に見立てて書くことです。強調したい箇所やこだわりたい箇所はカッコでくくったり、伸ばす音は「〇─」のように書いたり、自分がわかりやすいように自由に書きます。
　伸ばす音（長音）や詰まる音（促音）が印象的であれば、それもわかるように書きます。デモがシンセメロの場合は音数がわかりやすいので、この方法がおすすめです。サンプルのメロディーをもとに〇を音符に見立てて音数を可視化すると、このようになりました。

【○○】

作詞：昆真由美
作曲：平賀宏之

【1-A】
○○○○○○○○　○○○○○○○○
○○○○○○○○　○○○○○○○○

【1-A'】
○○○○○○○○　○○○○○○○○
○○○○○○○○　○○○○○○

【1-B】
○○○○○○○　○○○○○○○
○○○／○○○　○○○○○○○
○○○○○○○○　○○○○○○　○○○○
○○○○○○○！

【1-C】
○○○○—○—　○○—○—
○○○○○○　○○○　○○○○○
○○○○—○—　○○—○—
○○○○○　○○○○○
○○○○○○　○○○○

先に、伸ばす音は「○—」のように書いたりする、とお伝えしました。
このメロディーでは、1-C に伸ばす音があるので、伸ばす音を「○—」で
書いています。

また 1-B に「／」を書いています。ここは３音が２回繰り返されているよ
うに聴き取れたので、このように書きました。また、1-B の最後は、強い
気持ちを表す言葉が似合いそうなので「！」をつけています。

これはあくまで私の例なので、必ずこのように書かないといけないわけ
ではなく、後から自分が見て理解できる表記で OK です。

②デタラメな言葉を乗せる

　〇ではなく、自分でデタラメな言葉を乗せる方法もあります。この方法は、メロディーの聴こえ方に対して自分なりに「こういう言葉を乗せたら気持ちいいだろうな」などメリハリをつけるのに役立ちます。一度〇で書いて、その後デタラメな言葉をあてはめるのも良いでしょう。あくまで音数を把握するためだけのものなので、意味が通じなくても、日本語としておかしくても、何度同じ言葉を使っても問題ありません。参考として私の書いたデタラメ歌詞を紹介します。

【1-A】
二人で歩く道　雪降る帰り道
あの時も二人で　歩いた曲がり角

【1-A'】
帰り道に降った　白い雪が積もる
いつもより君は　好きと願う

【1-B】
悲しいくらい　好きな気持ちなら
今も　今も　君だと気づいた
誰かも気持ちも　好きなことをいまさら
そばにいたのに

【1-C】
夢のような　未来は
きっとこのまま君と　感じたい
夢のような　世界で
夢見てる私は今日も　必ず君に　囁く

　メロディーを聴きながらただ打ち込んだだけ、というものなので、日本語もおかしければ「二人」「道」「君」がたくさん出てきたり、めちゃくちゃです。しかし、すべてがデタラメというわけではありません。

・1-A の最後を同じ言葉（ここでは「道」）で統一したい

- 1-B のメロディーの繰り返し部分には繰り返しの言葉（ここでは「今も今も」）を乗せたい
- 1-C（サビ）の5音目は伸ばして気持ちいい音（ここでは母音が「あ」）が良い

などを意識して書いています。

デタラメな言葉を乗せて音数を可視化する場合は、文章の意味よりも、感覚に重点を置いて書いていくと良いでしょう。

また、デタラメ歌詞はすべてひらがなで書いてもかまいません。次の図を見ると、○もデタラメ歌詞も同じ音数を表していることがわかると思います。

【1-A】
○○○○○○○○○○　　○○○○○○○○○○
○○○○○○○○○○　　○○○○○○○○○○

【1-A'】
○○○○○○○○○○　　○○○○○○○○○○
○○○○○○○○○○　　○○○○○○○○

【1-B】
○○○○○○○○　　○○○○○○○○
○○○/○○○○　　○○○○○○○○
○○○○○○○○○○　　○○○○○○○○　　○○○○
○○○○○○○○!

【1-C】
○○○○ー○ー　　○○ー○ー
○○○○ー○ー　　○○○○○○○
○○○○ー○ー　　○○ー○ー
○○○○ー○　　○○○○○○○
○○○○ー○ー　　○○○○○○

【1-A】
ふたりであるくみち　　ゆきふるかえりみち
あのときもふたりで　　あるいたまがりかど

【1-A'】
かえりみちにふった　　しろいゆきがつもる
いつもよりきみは　　すきとねがう

【1-B】
かなしいくらい　　すきなきもちなら
いまも　　いまも　　きみだときづいた
だれかもきもちも　　すきなことをいまさら
そばにいたのに

【1-C】
ゆめのよーなー　　みらーいはー
きっとこのままきみと　　かんじたい
ゆめのよーなー　　せかーいでー
ゆめみてる　　わたしはきょうも
かならずきみに　　ささやく

③仮歌をそのまま書き写す

　仮歌が入っているデモ音源であれば、仮歌をそのまま書き写すのも良い
でしょう。仮歌が入っている場合、デモを聴くことでメロディーに乗ると心
地よく聴こえる言葉や母音などがわかることもあります。あくまで音数を把
握するためなので、忠実に聴き取る必要はありません。何を言っているか
わからなくても、わからない部分は適当な言葉で埋めてしまいましょう。コ
ンペなどではデタラメな英語などで歌われていることがあります。英語で
歌われている場合は音数を把握するのが難しい場合もあるので、この方法
をおすすめします。

▪ 曲先の実例２：歌詞の下書き（目立つ音を見つけ出す）

　音数を可視化したら、その中で目立つ音を探していきましょう。歌詞を
書いていると、ストーリーや表現にとらわれて、音に対しての注意が薄く
なってしまうことがあります。そうなるのを防ぐためにも、書き始める前
に何度も繰り返しデモを聴き、下書きを充実させていきましょう。

　○で書いた歌詞の下書きを使い、高い音の箇所は網掛けに、言葉を乗せ
にくい箇所には囲みをつけました。また、1-C の最後は、タイトルと同じ
言葉にしたいと考え【　】をつけました。

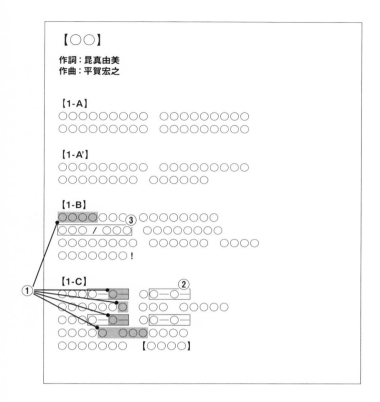

①高い音に注目する

　デモを聴く際、高い音に注目してください。高い音は聴いていて目立つ箇所なので、気持ちを表す言葉などエモーショナルな言葉を乗せるように意識します。最終的に想定と違う言葉が乗ってもかまいません。

　メロディーを聴いた第一印象として、どこが目立つ音なのかを把握しておくことが必要です。

②言葉を乗せるのが難しいメロディーに注目する

　どんな言葉でもきれいに歌えるようなメロディーもありますが、そのようなメロディーばかりではありません。言葉を乗せるのが難しそうな箇所も最初に把握しておきましょう。この曲では、サビの1行目に伸ばす音が

続いています。この箇所をきれいに歌うには工夫が必要だと想定して言葉を考えてみます。言葉を乗せるのが難しいメロディーには、乗せる言葉が限られてくるので、先に作ってしまうと後が楽になります。

③繰り返しのメロディーに注目する

　繰り返しのメロディーがあれば、音数を可視化する時点で把握しておきましょう。繰り返しのメロディーが出てきたら必ず繰り返しの言葉を乗せなければいけないというわけではありませんが、自然な形で繰り返しの言葉を乗せられれば、メロディーのリズムを活かした心地よい響きを生むことができます。

　曲先で歌詞を書く場合ここで初めてプロットに立ち返ります。
　5章で作成したプロットをあらためて確認しましょう。

楽曲のプロット	楽曲のプロット内訳		楽曲のプロット詳細
テーマ	楽曲の方向性		恋愛
	タイアップ詳細		ドラマ主題歌
			しっとりとしたバラード
設定	歌い手（ソロ／グループ）		モデル出身、女性ソロ
	年齢		20代前半
	ファン層		10代を中心に幅広いファン層
歌詞プロット	**歌詞のプロット内訳**		**歌詞のプロット詳細**
ストーリー（ワンシーン）	誰（Who）　＝　歌詞の主人公（キャラクター）		クラス1の美人、モテる
			ロングヘアー
			インスタには日々メイク情報をアップ
			放課後は友達みんなとカフェに行く
			好きな人がいることを隠している
	何（What）　＝　歌詞のテーマ		好きになって良かった
	どのように（How）　＝　歌詞のタイプ		ストーリーソング × 冬
	いつ（When）		When：現代、冬（〜卒業）
	どこ（Where）　＝　歌詞のセット		Where：学校、放課後
	なぜ（Why）		Why：もうすぐ会えなくなるから
			気持ちを伝えたい

　曲先で歌詞を書く場合に重要なのは、詞先と異なり、前述のような歌詞を書き始める前に歌詞の下書きを作成して先に曲の構成やメロディーを把握することです。

　事前準備が済んだら、ここからは詞先と同じように作っていきます。Aメロ、Bメロ、Cメロそれぞれに書く要素は『やさしい雪』と同じです。プロットは変えず、曲先でもう1つ歌詞を書いてみましょう。

　下の画像は5章で作成したプロットを曲先にあてはめたものです。音数の可視化と同時に、どこに何を書くかをイメージしていきましょう。実際にこのようなものを作ると作業がはかどります。

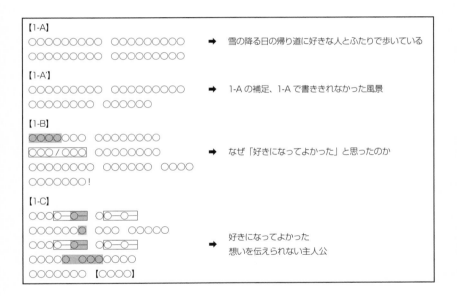

▪ 曲先の実例3：Cメロ（サビ）を作る

　サビの1行目に、「言葉を乗せるのが難しいメロディー」かつ「高い音」が来ています。ここが一番難関と考えられるため、この部分をまず作っていきます。

『やさしい雪』と同じように「好きになってよかった」という歌詞でももちろんメロディーには合いますが、曲先では違う歌詞を考えてみましょう。

　「言葉を乗せるのが難しいメロディー」とした箇所は、伸ばす音が2つ続き、それが繰り返されています。
　また、サビのメロディーはサビが始まる小節の前の小節からメロディーが始まっています。また、この曲の最初の小節も小節の途中からメロディーが始まっています。こういった小節の途中から始まるメロディーのことを弱起またはアウフタクトのメロディーと言います。

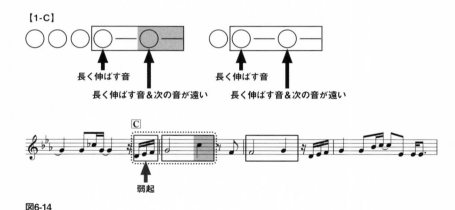

図6-14

　弱起がある場合、弱起の部分（今回は3音）で言葉を区切るべきか、悩むかもしれません。
　2章でメロディーの切れ目は何パターンもあるとお伝えしました。
　休符があるところは音の切れ目だとすぐわかりますが、この譜面では、上の図の点線で囲った部分をひとかたまりとして5音とも考えられますし、弱起の3音と続く2音を分けて考えることもできます。この場合は、「3文字/2文字」の言葉を探すパターンと、「5文字」の言葉を探していきます。

○○○ / ○○　　　3文字 / 2文字 の言葉を探す
⌣⌣⌣
弱起

○○○○○　　　　5文字の言葉を探す
⌣⌣⌣⌣⌣
弱起

　どちらのパターンを選んでも間違いではありませんが、最も気持ち良く歌える、聴こえる言葉を探します。どちらのパターンの言葉も試して、最も良いものを選ぶのが良いでしょう。「これは弱起だから3文字 / 2文字だ」と決めて言葉を探してしまうと、視野が狭くなってしまい、せっかく5文字なら良い言葉があってもそこにたどり着けなくなってしまいます。弱起に限らず、常にメロディーの区切り方を何パターンも試して、最適なものを選ぶようにすると良いでしょう。

　また、曲先で歌詞を書く場合は歌いやすさ、聴き取りやすさが重要です。必ず頭の中で言葉が音に乗ったらどう聴こえるかを想像しながら書いていくことが大切です。実際に歌いながら書くのも良いでしょう。

　先ほどどちらのパターンでも間違いではないと述べましたが、ここでは、「3文字 / 2文字」ではなく5文字の言葉で探しつつ、「○○○○—○—　○—○—」の塊で主人公の気持ちを表せる言葉を探していきます。

　次の音が遠い場合や長く伸ばす音の場合は1音に2音節以上を乗せられると2章で述べました。伸ばす音それぞれに1文字を乗せると、間延びして聴こえそうなので、メロディーのリズムを活かすために、1音に2音節以上を乗せて自然な歌い方になる言葉を探します。

　サビには気持ちを入れたいので、
好きだなんて　言えない
としてみます。下線部分が1音に対し2音節で歌う部分です。
　同じメロディーがもう一度出てくるので、少しだけ変えて
好きだなんて　言わない
としてみましょう。

「言えない」よりも「言わない」の方が意思を感じる表現ですね。これで「想いを伝えられない主人公」は書けました。

【1-C】
好きだなんて　言えない
○○○○○○○　○○○　○○○○○
好きだなんて　言わない
○○○○○　○○○○○○○
○○○○○○　【○○○○】

しかし、サビで書きたいのは「好きになってよかった」という気持ちです。なぜ「好きだなんて言えない」のか……と考えていくと、今の気持ちが素敵なもので、壊したくないから、というストーリーが作れます。

好きだなんて　言えない
こんな<u>真っ</u>白な雪を　汚（けが）せない

「汚せない」は「よごせない」「けがせない」のどちらにも読めます。ここでは「けがせない」の方が聴こえが良いので「けがせない」とします。このように、読み方に何通りもある言葉を使うときは、上記のように「汚（けが）せない」と表記するか、またはルビを振ります（ルビについては後述します）。

また、「真っ白」の「真っ」は１音に乗せたいので下線を引きました。

このようにすると、「好きになってよかった」と直接書かなくても、「好きになってよかった」という感情に近づけます。

【1-C】
好きだなんて　言えない
こんな真っ白な雪を　汚(けが)せない
好きだなんて　言わない
○○○○○　○○○○○○○
○○○○○○○　【○○○○】

これでサビに気持ちが入りました。

▪ 曲先の実例４：タイトルをつける

　歌詞の下書きの段階で、サビの最後をタイトルと同じ言葉にすると聴こえがよさそうだな、と思ったので、【　】をつけていました。サビの最後の４音にタイトルになるような象徴的な言葉を探してみます。

　「汚したくない真っ白で雪のような好きという気持ち」を書いているので、「Perfect Snow」など良さそうです。

　実際に歌ってみると、最後は４音で締めくくられているので「Perfect Snow」だと少しメロディーと合いません。そこで、１音足して「The Perfect Snow」もしくは「My Perfect Snow」と候補を出してみます。「The」だと少し言葉が強すぎるのと、ここで表したいのは主人公の心象風景なので、「My Perfect Snow」の方を採用してみます。「My Perfect Snow」につながる言葉をつないで、サビは下記のようになりました。

【1-C】
好きだなんて　言えない
こんな真っ白な雪を　汚(けが)せない
好きだなんて　言わない
きらめいた　思い出だけが　心に積もる My Perfect Snow

気持ちと冬の雰囲気が入り、タイトルも同時に「My Perfect Snow」で決まりました。

「Perfect」の音節は「per・fect」となり2音節です。「snow」は日本語では「スノウ（su・no・u）」と3音節ですが、英語の場合は「snow」で1音節です。サビの最後「Perfect Snow」は下記のように歌います。

ここまでくればワンコーラスの半分は完了、といったところです。

▪ 曲先の実例5：Aメロを作る

続いてAメロを作っていきます。

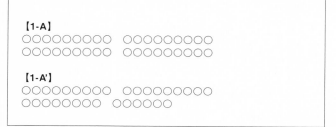

図6-15

136

　書きたいのは「雪の降る日に好きな人とふたりで歩いている情景」なので、歌い出しを

　君の白い息が　雪空に溶けてく

としてみましょう。

　プロットに卒業を控えているという情報があるので、こんな日々ももうすぐ終わってしまう、という主人公の気持ちに寄せて

　忘れたくないほど　綺麗すぎる景色

と続けてみます。

　【1-A'】では物語を深めたいので、一緒に歩いているのに手をつなげない主人公を描写してみます。

　かじかんだ指先　君の横で迷子
　切なさがやけに　心地よくて

　これでAメロができ上がりました。

▪ 曲先の実例6：Bメロを作る

　続いてBメロを作っていきましょう。

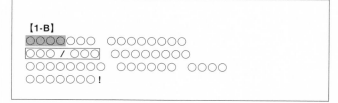

図 6-16

　Bメロは比較的自由な部分です。詞先のときは、「なぜ『好きになってよかった』と思ったのか」を書きました。歌詞の下書きの段階で、Bメロの最後、サビの直前がエモーショナルに盛り上がる雰囲気になっているので、ここに少し強い気持ちを書きたいと考え、「！」をつけていました。Bメロの最後を「〜のに」とすると強い気持ちが表せそうです。

　また、繰り返しのメロディーがあるので、何かしら繰り返しの言葉を乗せたく思います。「今も　今も」「いつも　いつも」「何度　何度」などが合いそうです。

　まずは下記のように仮置きします。

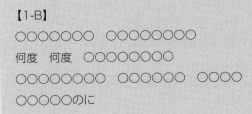

【1-B】
〇〇〇〇〇〇　〇〇〇〇〇〇〇
何度　何度　〇〇〇〇〇〇〇
〇〇〇〇〇〇〇　〇〇〇〇〇　〇〇〇〇
〇〇〇〇〇のに

　詞先のときに「なぜ『好きになってよかった』と思ったのか」を書きましたが、ここでも同じように、恋愛に対するスタンスが「君」のおかげで変わった、というエピソードをここに入れたいと思います。

【1-B】
叶わない恋　などしたくないと
何度　何度　思ってきただ<u>ろう</u>
素直な気持ちは　隠さないでいようと　決めていたのに

　「思って」の「っ」はこの場合1音に乗せています。
　「っ」は促音として使う場合は前の音について「もっ」で1音とカウントしますが、このように「っ」1文字を1音にあてる場合もあります。
　歌い方としては「おもおて」のように歌うイメージです。

かなわないこいなど　したく　ないと　なんどなんどお　もってきただろう　す
（お）

　これでBメロができ上がりました。
　でき上がった1番の歌詞を見てみましょう。

My Perfect Snow

作詞：昆真由美
作曲：平賀宏之

【1-A】
君の白い息が　雪空に溶けてく
忘れたくないほど　綺麗すぎる景色

【1-A'】
かじかんだ指先　君の横で迷子
切なさがやけに　心地よくて

【1-B】
叶わない恋　などしたくないと
何度　何度　思ってきただろう
素直な気持ちは　隠さないでいようと　決めていたのに

【1-C】
好きだなんて　言えない
こんな真っ白な雪を　汚（けが）せない
好きだなんて　言わない
きらめいた　思い出だけが　心に積もる My Perfect Snow

譜面でも歌詞を確認してみましょう。

My Perfect Snow

作詞：昆真由美
作曲：平賀宏之

曲先で歌詞を書くときには、いかに歌いやすく言葉を乗せられるかが重要です。良いフレーズを思いついたとき、詞先の場合はそのまま歌詞にできますが、曲先ではうまくメロディーに乗せられる箇所がないことが多々あります。そのような場合、いくら良いフレーズだと思ってもそのフレーズに固執せず、違う表現を探す必要があります。

　また、曲先で歌詞を書いたときには、書き終わったら一度実際に歌ってみることを強くおすすめします。メロディーに言葉がうまく乗っていない箇所、歌いにくい箇所がないかをチェックしましょう。

　曲先で歌詞を書く際のポイントはここまでです。次項からは再び詞先に戻って進めていきます。

▪ 実例：2番以降を作る（詞先・曲先共通）

　次に、2番以降の歌詞を作ります。2番以降のポイントは詞先も曲先も同じですが、ここでは詞先で作った『やさしい雪』の歌詞の2番以降を作っていきましょう。

　2番以降の歌詞は、1番のストーリーから少し時間をずらします。1番で「君」とふたりで歩いているので、2番でも引き続き歩いていて、そろそろお別れの時間が近づいてくる、そのあたりのストーリーを【2-A】に入れてみます。

> 【2-A】
> 時間が過ぎるのが　少し嫌になって
> 気付かれないように　ゆっくり歩いてる
>
> 【2-A'】
> 何度も同じ道　一緒に歩くたび
> 言えない言葉が　もどかしくて

　1番と2番は基本的に同じ形をしているので、Bメロは1番と同じように、なぜ「好きになってよかった」と思ったのかの別パターンを作ってみます。「いつも　いつも」はリズミカルな部分なのでそのまま残して、次のように作ってみました。

> 【2-B】
> 恋するたびに知る苦い涙
> いつも　いつも　遠ざけていたけど
> 切ない気持ちも　ずっと忘れないように　抱きしめている

Cもリズミカルな部分「好きになってよかった」「好きになってわかった」
を残して、下記のように作ってみました。

【2-C】
好きになってよかった
たとえ叶うことない願いでも
好きになってわかった
君想う心に今日も　やさしい雪が積もってく

ここで、全体を読み返してみます。
1番よりも時間（ストーリー）が進んでいることを確認します。

2-A'の「もどかしくて」の表現をもうひとひねりできないかなと思った
ときに、「鳴かぬ蛍が身を焦がす」という表現を思い出しました。この主人
公は、伝えたい気持ちを伝えられるかどうかわからない、という状態なので、
表現を少し借りて
言えない言葉が　胸を焦がす
にしてみます。

【2-A'】
何度も同じ道　一緒に歩くたび
言えない言葉が　もどかしくて **胸を焦がす**

2-Cはもう少し違う表現ができそうです。2-Bで、好きになって自分自身
が変わったことが書かれているので、「好きになってよかった」「好きになっ
てわかった」と併せて「好きになって変わった」というのを入れてみても

良いかもしれません。音のノリも崩さずに使えます。

> 【2-C】
> 好きになってよかった
> たとえ叶うことない願いでも
> 好きになって~~わかった~~ **変わった**
> 君想う心に今日も　やさしい雪が積もってく

　全体的に冬の情景が足りないので、もう少し冬の雰囲気を入れたいと思いました。2番で入れられるでしょうか。1-C、2-Cの「君想う」という表現がなんだか少し説明っぽい感じがします。そこで、「かじかんだ心に」に変更してみます。

　「かじかむ」は、寒さと同時に、手や足が思うように動かない様子を表すので、思うように伝えられない心を表す言葉としても良さそうですね。(このように、1つの言葉で2つ以上の解釈ができる言葉をダブルミーニングと言います。)

　「君想う心に」よりも「かじかんだ心に」の方が良く、2番だけに入れるのはもったいない表現です。そのため、「かじかんだ心に」を2番だけでなく1番にも適用します。

【1-C】	【2-C】
好きになってよかった	好きになってよかった
たとえ伝える勇気が出なくても	たとえ叶うことない願いでも
好きになってわかった	好きになって変わった
君想う **かじかんだ** 心に今日も　やさしい雪が積もってく	君想う **かじかんだ** 心に今日も　やさしい雪が積もってく

　完成した歌詞がこちらです。

やさしい雪

作詞：昆真由美
作曲：平賀宏之

【1-A】
君と歩く道に　降り積もる初雪(はつゆき)
空から舞い落ちた　素敵な贈り物

【1-A'】
続いてく足跡(あしあと)　遠ざかる思い出
儚(はかな)いからこそ　美しくて

【1-B】
恋するたびに吹く向かい風に
いつも　いつも　怯(おび)えていたけど
居場所(いばしょ)を変えたら　風の向きも変わると　教えてくれた

【1-C】
好きになってよかった
たとえ伝える勇気が出なくても
好きになってわかった
かじかんだ心に今日も　やさしい雪が積もってく

【2-A】
時間が過ぎるのが　少し嫌(いや)になって
気付かれないように　ゆっくり歩いてる

【2-A'】
何度も同じ道　一緒に歩くたび
言えない言葉が　胸を焦(こ)がす

【2-B】
恋するたびに知る苦(にが)い涙
いつも　いつも　遠ざけていたけど
切ない気持ちも　ずっと忘れない<u>よう</u>に　抱きしめている

【2-C】
好きになってよかった
たとえ叶うことない願いでも
好きになって変わった
かじかんだ心に今日も　やさしい雪が積もってく

歌詞カードの書き方

　書いた歌詞を提出する際の書き方と、基本的な注意事項について解説します。

▪ 構成を書く

　この曲の構成は、作詞だけではなく作曲家やプロデューサーなど、音楽に関わる人の共通言語です。歌詞を書くときにもこの「1-A」「1-B」「1-C」（2番であれば「2-A」「2-B」「2-C」）を記載しましょう。「1-C」や「2-C」は「1-サビ」「2-サビ」としても良いです。音源を聴きながら歌詞を確認していくときに、今どこを聴いているのかわからなくなってしまうのを防ぐことができます。

▪ タイトルと作詞者名を書く

　歌詞を書き始めたばかりの方に多いようですが、タイトルを忘れて提出する人を時々見かけます。タイトルは忘れずに記入しましょう。歌詞本文よりも大きい文字にすると見栄えが良くなります。また、タイトルの下には忘れずに作詞者名を書きましょう。

▪ 1枚に収める

　歌詞を提出するときは1枚に収めるのが基本です。Wordファイルを使うのが一般的です。フルコーラスの歌詞などは長くなってしまいがちですが、改行や段落などを整えて、見やすく1枚に収めるようにしましょう。文字フォントはゴシック体が一般的ですが、歌の雰囲気によって明朝体などにしてみても良いでしょう。細かい決まりはありませんが、あまりに読みにくいもの、目立ちすぎるものは避けましょう。

▪ 提出ファイル名のつけ方

歌詞を提出するときのファイルには、基本的に
・案件名
・作詞者名
・タイトル
がわかるような名前をつけましょう。

依頼者から指定があることもあります。その場合は指定にしたがいましょう。また、管理上、すべてローマ字でと指定がある場合もあります。

例：DramaOP_konmayumi_yasashiiyuki

▪ 歌詞を的確に伝える工夫

①ルビを振る

読みにくい漢字にはルビ（振り仮名）を振りましょう。「地球」と書いて「ほし」と読ませるなど、特別な表記の場合は必ずルビを振るようにしましょう。また、そうでない場合も、漢字には読み方が何通りもあるのがほとんどなのでルビを振っておくと安全です。当たり前に読めそうな漢字でも、間違えて読まれてしまうことは多々あります。最終的に歌い手に渡る歌詞には、すべての漢字にルビを振っても良いくらいです。しっかりと歌い方が伝わるように歌詞を書くことを心がけましょう。

②下線を引く

1音で2文字を歌わせるときは、下線を引くことがあります。
譜割確認用音源がなくても歌詞で歌い方をある程度伝えるのに役立ちます。
「やさしい雪」の2番の歌詞「遠ざけて」の「遠」、「忘れないように」の「よう」が1音で2文字歌う形式になっているので下線を引きます。

③掛け合いの書き方

　掛け合いがある場合、合いの手の部分を（　）の中に入れて表記します。『やさしい雪』では合いの手がないですが、「いつも　いつも」のところを繰り返す掛け合いがあると想定して書くと下記のようになります。

【2-A】
　　　　　　　　　　　　①
時間が過ぎるのが　少し**嫌**になって
気付かれないように　ゆっくり歩いてる

【2-A'】

何度も同じ道　一緒に歩くたび
言えない言葉が　胸を焦がす

【2-B】
恋するたびに知る苦い涙
　　　　　　　　　　　　　　②
③いつも **(いつも)** 　いつも **(いつも)** 　**遠**ざけていたけど
切ない気持ちも　ずっと忘れない**よう**に　抱きしめている

【2-C】
好きになってよかった
たとえ叶うことない願いでも
好きになって変わった
かじかんだ心に今日も　やさしい雪が積もってく

/// *7* 章 推敲のポイント

歌詞を直すとこんなに良くなる

　歌詞を書いたらそこで終わりではありません。必ず見直しをしてから仕上げることが大切です。

▪ 推敲（すいこう）とは

　推敲とは、文章などの表現を練り直すことです。書いたものを提出前に見直して、加筆や削除などの修正を加え、最終版に仕立てます。

　6章の「やさしい雪」で、一度歌詞を書いた後に音数を合わせたり、繰り返しの箇所を作ったりしました。これも歌詞の推敲の1つです。

▪ 推敲、直しを楽しもう

　推敲した歌詞を提出しても、そこからさらに直し（修正）を依頼されることも多くあります。何度も推敲を重ねた歌詞なのに、直しが入るとがっかりしてしまう人もいるかもしれません。しかし、**直しは決してネガティブなことではありません。直しは第三者の貴重な意見をもとに、歌詞をより良くするためのものと考え、ポジティブに受け止めましょう。**修正に対して、「ここはこういう意図で書いているから譲りたくない」と思うこともあるかもしれません。しかし、楽曲制作はひとりではなくチームで行うものです。作詞家にはある程度の柔軟性も必要だと私は考えます。

▪ 推敲のポイント

　詞先の場合の推敲のポイントは、**ぱっと見で文章ではなく歌詞だとわかる**

ようにすることです。6章の「やさしい雪」で行ったように、

・音数を合わせる

・繰り返しの箇所を作る

の2点を見直しましょう。

　曲先の場合の推敲のポイントは、スムーズに歌えるかどうかです。**歌詞を目で追うだけでなく、実際に歌って確かめることが大切です。**譜割確認用音源が必要ない場合でも、自分で歌って確かめましょう。

　その他に、ストーリーや設定、言葉遣いに違和感がないかなどをチェックしていきます。

歌詞推敲チェックポイント

　歌詞を推敲するときのチェックポイントについて解説します。

▪ 歌詞全体のチェック（NG表現）

　まず、歌詞で使わない方が良い表現についてチェックしていきましょう。基本的に歌は人を楽しませるものであり、人を傷つけたり、嫌な気持ちにさせたりするものであってはいけないというのが大前提です。

①放送禁止用語

　放送禁止用語とは、放送局や新聞社などが自主規制している言葉です。人格や人権を損なう言葉や、肉体的・精神的な侮蔑の言葉、差別用語などが放送禁止用語に含まれます。差別用語には人種・民族差別や職業差別、性的身体的差別などがあります。作ろうとしている歌が、テレビやラジオで使われることを想定するのであれば、放送禁止用語を避けた方が良いでしょう。ライブなどだけで歌うことを想定した場合はそういった制限はな

く比較的表現の幅は広がりますが、あくまで人を傷つけない表現を心がけましょう。

　放送禁止用語はインターネットで検索すると調べることができます。差別用語だと知らずに日常でつい差別用語を使ってしまっているということもありますので注意しましょう。

②特定の宗教で使われる言葉

　特定の宗教で使われる言葉も、なるべく避けた方が良いでしょう。これは放送禁止用語ではないため、実際にリリースされテレビなどで使われている歌もありますが、人によってはこういった表現を好まない場合があるので注意しましょう。

③その他特定の人に不快感を与える可能性のある言葉

　放送禁止用語や特定の宗教で使われる言葉以外にも、特定の人に不快感を与える可能性のある言葉は避けましょう。言葉や表現1つひとつに対し、禁止されているかどうかを血眼になって調べるよりも、この言葉や表現は誰かを傷つけていないか、という視点を持つことが大切です。禁止されている言葉を覚えるのではなく、言葉や表現に対し、**聴いた人がどんな気持ちになるかということに敏感になるようにしましょう。**

④固有名詞

　固有名詞については、使用 NG ではありませんが注意する必要があります。固有名詞とは、地名や国名、団体名、商品名のことです。歌詞の中で固有名詞を使うとインパクトを生むことも事実ですが、むやみに使うことはおすすめしません。

　たとえば、公共放送である NHK では特定商品の宣伝など、「広告」につながる歌や言動が NG とされているため、使用する固有名詞によっては NHK で放送できないことがあります。

　『神田川』（南こうせつとかぐや姫）の歌詞には「クレパス」という商品名が出てくるため、NHK は紅白歌合戦での披露にあたり「クレヨン」へ変

更することを要請しましたが、結局紅白歌合戦への出場辞退という流れとなりました。

　また、『プレイバック Part2』（山口百恵）の歌詞に出てくる「ポルシェ」はNHKの歌番組では「クルマ」に変更され披露されました。

　『ボーイフレンド』（aiko）の歌詞に登場する「テトラポット」は、一時消波ブロックの商標名「テトラポッド」に該当するのではないかとNHK内で審議されたものの、表記が「テトラポッド」ではなく「テトラポット」であるため紅白歌合戦での披露が可能になりました。

　ただ、『香水』（瑛人）の歌詞に登場する「ドルチェ＆ガッバーナ」のように、番組編集上必要で広告目的ではないという判断で披露が可能になった例もあり、その判断は時と場合で変わります。

　NHKでの放送以外にも、テレビ番組やラジオ番組のスポンサーと競合する商品名が歌詞の中に出てくればその番組での放送ができなくなることも考えられますし、歌詞に使われた団体や商品販売元などが、望まない形で歌詞の中に使われたとして苦情を寄せることも考えられます。このように、**固有名詞を歌詞に使用すると、歌が使用される範囲が狭まる可能性があることを覚えておきましょう。**

▪ 歌詞全体のチェック（言葉の精査）

　続いて、歌詞全体を見渡して、修正でさらに良くできるポイントを探していきましょう。

①言葉のカブリを減らせないか

　1曲の中に同じ言葉が何回も出てくるような歌詞は避けた方が良いです。人にもよりますが、1曲の中に3回出てきたら多いと感じるのが一般的です。ワンコーラスに2回出てくることもできれば避けた方が良いでしょう。

　たとえば1曲の中に「青空」が3回出てきてしまっていたら、「澄んだ空」「その青さ」など、同じものを指すとしても別の表現を心がけましょう。また、「青空」「澄んだ空」という言葉が登場したとして、「空」だけを取り出

して2回カウントすることはしません。気をつけるのは、同じ単語が何度も登場しないようにすることです。

　「僕」「私」「君」などは頻繁に使われがちで、他の言葉に比べてなかなかカブリを減らせない場合もありますが、できるだけ使用数を減らすように心がけましょう。

　たとえば、このような歌詞を書いたとします。

> もし私に行きたい**場所**があるとしたら
> きっとどんな**場所**へだって行けるはず
> 私のこの足で

　「場所」が2つ入っていますね。これを1つにしたいので、1つ目の「場所」を「ところ」に変更してみます。

> もし私に行きたい~~場所~~**ところ**があるとしたら
> きっとどんな場所へだって行けるはず
> 私のこの足で

　さらに、「私」も2つ入っています。どちらかを削除しても意味が通じますね。

> もし~~私に~~行きたいところがあるとしたら
> きっとどんな場所へだって行けるはず
> 私のこの足で

> もし私に行きたいところがあるとしたら
> きっとどんな場所へだって行けるはず
> ~~私の~~この足で

　2つ目の「私」は、その直後に「この足で」とあるので、「私」と書かずに「私の足」であることが伝えられます。また、そもそも歌詞の主人公は1人で、「私」です。実は、この歌詞だと「私」を2つ削除しても意味が通じます。

> もし~~私に~~行きたいところがあるとしたら
> きっとどんな場所へだって行けるはず
> ~~私の~~この足で

　強調したい重要な言葉であれば、繰り返すことでインパクトを生むことができますが、とくに強調の必要がない箇所はこのように言葉のカブリを減らしてみましょう。そうすることで、すっきりとわかりやすい歌詞になります。

②もっと短く言える箇所がないか

　言葉のカブリを減らすだけではなく、文章としてもっと短く表現できないかチェックしましょう。もちろん、短ければ良いというわけではありませんが、そもそも歌詞は短いサイズにストーリーや主張などを入れないといけません。できるだけ短く、同じ内容を伝えることができれば、音数（＝言葉）に余裕ができるため、さらに多くのことを伝えられます。言葉を無駄遣いしているところがないかチェックして省いてみましょう。

　先ほど修正した歌詞を再度見てみましょう。

> もし行きたいところがあるとしたら
> きっとどんな場所へだって行けるはず
> この足で

　冒頭の「もし」はなくても意味が通じるので省きます。
「きっと」もなくても意味が通じるので省きます。
また、「あるとしたら」は、「あれば」「あるなら」に変更できます。

> ~~もし~~行きたいところが~~あるとしたら~~**あるなら**
> ~~きっと~~どんな場所へだって行けるはず
> この足で

　最初の歌詞と比べてみましょう。

| もし私に行きたい場所があると
したら
きっとどんな場所へだって行ける
はず
私のこの足で | | 行きたいところがあるなら
どんな場所へだって行けるはず
この足で |

かなりすっきりしてきましたね。同じ内容を短く伝えられているのがわかります。

反対にもし、音が余ってしまい言葉を増やさないといけない場合は、「もし」「きっと」を追加するなど工夫しても良いでしょう。

③情景を遠く→近くに書けているか

情景を書くときは、「まず遠くの場所を書いてから近くの場所を書く」のが基本です。カメラを遠景から近景に切り替えるイメージです。

たとえば、下記の３つのフレーズがあるとします。歌詞としてわかりやすい順番はどれでしょうか。

ボールを追いかける君

真夏の太陽

額ににじむ汗

「遠くを書いてから近くを書く」ので、

真夏の太陽　ボールを追いかける君　額ににじむ汗

が最もわかりやすい並びになります。

逆に、「近い場所から遠ざかって書く」と、

額ににじむ汗　ボールを追いかける君　真夏の太陽

となり、「夏である」「スポーツをしている」という場面の特定が遅くなってしまいます。冒頭の「額ににじむ汗」だけだと、スポーツをして汗をかいているのか、サウナにいて汗をかいているのか、場面が確定できないため、わかりにくくなってしまいます。

このように、歌詞におけるカメラワークはとても大切です。近くの場所

を書いてから遠くの場所を書くと意外性や驚きを与えることはできますが、伝わりやすさを目指すなら遠くを先に書くように意識すると良いでしょう。

④気持ちを弱い→強いで書けているか

気持ちは「弱い→強い」の順で書くのが基本です。どんどん気持ちが強くなっていくイメージです。

たとえば、

| I love you | I want you | I need you |

この３つのフレーズがある場合、ほとんどの場合が下記の並びになります。

| I want you | I need you | I love you |

あなたが欲しい、必要だ、愛してる。

気持ちの強さは

欲しい ＜ 必要だ ＜ 愛してる　の順に強くなります。「欲しい」「必要だ」を経て最終的に「愛してる」を伝える流れです。最初に「愛してる」を持ってきてしまっては、最終的に言いたいことのネタバレとなり、興ざめです。

このように、気持ちを並べるときは「弱い→強い」順で書いていくと伝わりやすくなります。

⑤キャラクターがブレていないか

歌詞の最初から最後まで一貫して、主人公のキャラクターはブレてはいけません。たとえば、1番で恋する相手を「あなた」と呼んでいたのに2番で「君」になったりすると、聴き手は混乱してしまいます。呼び方だけでなく、持ち物や行動、しぐさなども同様です。1番と2番で、主人公のキャラクターがブレないように意識して言葉を選びましょう。

⑥セリフのような箇所があるか

「詩」は目で見るもの、「詞」は耳で聴くものであると序章で述べました。また、歌詞は文芸ではなく、人が声に出す言葉です。そのため、どこかしらにセリフのような箇所があると、より歌詞らしい歌詞になります。一般的に、説明になっている歌詞はあまり良くないとされます。説明にならな

いためには、セリフの箇所を作ってあげることが有効です。歌詞のタイプが「哲学ソング」である場合は、あまりセリフのような箇所が出てこないかもしれませんが、基本的に歌詞とセリフは相性が良いものです。書いた歌詞をもとに、セリフに変換できる箇所がないかチェックしましょう。

先ほどの例では、「行けるはず」を「行けるさ」にするだけでセリフにすることができます。セリフにすると、主人公の雰囲気も一緒に伝えることができ一石二鳥です。

| 行きたいところがあるなら
どんな場所へだって行けるはず
この足で | 行きたいところがあるなら
どんな場所へだって行ける~~はず~~**さ**
この足で |

▪ 歌詞全体のチェック（時間の流れ）

次に、歌詞におけるストーリーの時間の流れについてチェックしていきましょう。

①時間軸がブレていないか

6章で述べたように、歌詞では、歌の流れとストーリーの時間の流れを合わせることが大切です。2番の歌詞が1番より過去の話になっていないか、1番の中でもストーリーの時間の流れに違和感がないかをチェックしましょう。過去そのものを書くのではなく、「過去を思い出している現在」を書くのであれば問題ありませんが、その場合は「思い出している」ことがわかるように書けているかチェックしましょう。

②時間が流れすぎていないか

先述の通り、歌が進んでいくにつれて、歌詞に描かれるストーリーも同じ速さで少しずつ進んでいきます。また、1曲に描かれるストーリーの中で流れる時間はそんなに長くありません（目安は7時間以内）。5章でも述

べましたが、歌詞はストーリーを書くというよりは、ストーリーの中の切り取られたワンシーン、紙芝居の中の1枚を書くイメージです。

　ストーリーを詰め込みすぎると、「テーマ＝気持ち」を書く余裕が無くなってしまいがちです。

　時間が流れること自体がテーマに対して重要な意味を持つ場合以外は、1曲の中で時間が流れすぎていないか、ストーリーを詰め込みすぎていないかをチェックしましょう。

　季節に関しても同様です。春夏秋冬や四季そのものがテーマに対して重要な意味を持つ場合以外は、1曲の中に複数の季節が入っていないかもチェックするようにしてください。

▪ セクションごとのチェック

①Aメロのチェック：場面設定ができているか

　この歌は何を歌っているのか、主人公はどんな人なのかといった情景、舞台設定をするのがAメロです。情景が初めて出てくるのがBメロ以降になることがないように、Aメロでしっかりと場面設定ができているかをチェックしましょう。

②Bメロのチェック：サビより目立っていないか

　「A-B-C（サビ）」パターンの場合はBメロのチェックも必要です。

　Bメロはサビの引き立て役になっているか、サビより目立っていないかをチェックしましょう。また、Aメロを受けてサビへと向かう流れの中で、ストーリーや時間の流れに違和感がないかも再度チェックすると良いでしょう。

③サビのチェック1：気持ちが入っているか

　サビに「テーマ＝気持ち」が入っているかを確認しましょう。気持ちを表す言葉は、「好き」「ありがとう」「よかった」などです。他に「〜したい」「〜欲しい」などの願望や、「〜すべきだ」「〜に違いない」などの主張、「〜

しよう」「〜しろ」などの掛け声や命令も強い気持ちを表すのでサビにふさわしい表現となります。

④サビのチェック2：歌いやすい音で始まっているか

　サビの歌い出しの音もチェックしましょう。人は、母音が「あ（a）」の言葉を発声するとき、口を大きく開きます。そのため、母音が「あ」の言葉には、聴いた人に力強さや明るい印象を与える効果があります。サビの頭や歌い出しである A メロの頭には、母音が「あ」の言葉が使われることが多くなっています。サビ頭の母音を必ず「あ」にしないといけないというわけではありませんが、もし母音が「あ」の言葉で言い換えられるような場合は、言い換えを検討し、歌いやすい方を採用すると良いでしょう。

⑤タイトルのチェック：既出のタイトルではないか

　6 章で述べたように、タイトルをつけたら、必ず他に同じタイトルの曲がないかを確かめましょう。既出のタイトルと被ることが NG というわけではありませんが、もし被った場合、オリジナリティが薄れてしまいます。また、同じタイトルで別の曲を知っているリスナーからすると、良くも悪くも他の曲のイメージがついてしまうこともあります。どうしてもその表現が一番という場合はそのままでもよいですが、一度調べて、他のタイトルがないか考えてみることが大切です。

　また、SNS などでバズらせたい場合などは、検索に埋もれてしまわないタイトルを考える必要があります。

⑥最終チェック1：テーマがブレていないか

　基本的に 1 曲で伝えるべきテーマは 1 つです。いくつも入れてしまうと、軸がブレて、伝えたいことが伝わりにくくなってしまいます。プロットで作ったテーマがブレていないか確かめましょう。歌詞を書いているうちに、別のテーマが浮かんでくることはよくあります。途中でテーマを変更したとしても、新しいテーマのみをテーマにできていれば良いのですが、もとのテーマと新しいテーマが両方入っている場合は、どちらかに絞るように

しましょう。

　ポイントは、「歌が伝えたいことを、第三者に1文で伝える」ことができるかどうかです。たとえば、歌番組などで「この歌はどんな歌ですか」と聞かれ、アーティストが歌の内容を説明する場面が多々あります。ここで説明される短い1文をあらかじめ作るイメージです。

　『やさしい雪』のプロットでは、「好きになってよかった」がテーマでした。1文で伝えるとすれば、「冬のラブソングで、恋愛に臆病な主人公が、ある恋を通して、相手を好きになってよかったと思う気持ちを歌った歌」となります。

　また、この1文に「気持ち」が入っているかも同時に確かめましょう。「冬のラブソング」だけでは、気持ちが入っていません。書いているうちに、プロットに書いた「歌詞のテーマ」が消えてしまっていないかもチェックしましょう。

　ここでテーマがブレてしまっている場合は、サビやタイトルを再度作り直す必要があります。

⑦最終チェック2：歌いにくい箇所がないか

　最後に、すべて通しで歌ってみましょう。言葉が詰まってしまっていたり、イントネーションがおかしかったり、歌いにくい箇所があれば修正が必要です。

▪ 歌詞推敲チェックシート

　歌詞推敲のチェックシートを用意しました。歌詞を書いた後、自分でチェックしながら推敲してみましょう。

歌詞推敲カテゴリー	歌詞推敲項目	チェック ☑
歌詞全体のチェック（NG 表現）	放送禁止用語	
	特定の宗教で使われる言葉	
	特定の人に不快感を与える言葉	
	固有名詞	
歌詞全体のチェック（言葉の精査）	言葉のカブリを減らせないか	
	もっと短く言える箇所がないか	
	情景を遠く→近くに書けているか	
	気持ちを弱い→強いで書けているか	
	キャラクターがブレていないか	
	セリフのような箇所があるか	
歌詞全体のチェック（時間の流れ）	時間軸がブレていないか	
	時間が流れすぎていないか	
A メロのチェック	場面設定ができているか	
B メロのチェック	サビより目立っていないか	
サビのチェック	気持ちが入っているか、サビに気持ちがあるか	
	歌いやすい音で始まっているか	
タイトルのチェック	既出のタイトルではないか	
最終チェック	テーマがブレていないか	
	歌いにくい箇所がないか	

歌詞推敲のレッスン

▪ 次の歌詞を直してみよう

歌詞推敲チェックポイントに沿って、次の歌詞を修正してみましょう。

FRIDAY's MAGIC

作詞：昆真由美

【1-A】
正真正銘 Love Chance
キミから Call　想定外
失恋直後の FRIDAY
あんなチビのことは忘れて　繰り出そう

【1-B】
次の日の朝でも　まだドキドキしてる
今週末　どこへ行く？
幸せが　止まらない

【1-C】
FRIDAY's MAGIC　ずっとずっと一緒だよ
FRIDAY's MAGIC　突然連絡くれた日から
新しい恋が　始まって
続いていくの SPECIAL NIGHT

▪ 推敲ポイント１：NGワードをなくす

「チビ」は差別用語にあたります。身長にコンプレックスを持つ人など
がこの歌を聴いたら嫌な気持ちになりますね。

「チビ」を「ヤツ」に変えます。

> 【1-A】
> 正真正銘 Love Chance
> キミから Call　想定外
> 失恋直後の FRIDAY
> あんな~~チビ~~ **ヤツ** のことは忘れて　繰り出そう

▪ 推敲ポイント２：時間軸を直す

【1-A】では金曜日に繰り出す様子が書かれていますが、【1-B】では次
の日の朝以降のストーリーが書かれています。時間が流れすぎているので、
ここを修正する必要があります。

【1-A】で金曜日なのであれば、その金曜日の様子を書いていくのがベ
ターです。

> 【1-B】
> ~~次の日の朝でも　まだドキドキしてる~~ **ドキドキする気持ち　誰にも邪魔で
> きない**
> ~~今週末　どこへ行く？~~ **何度だって　新しい**
> ~~幸せが　止まらない~~ **恋の中　飛び込める**

　【1-C】も、「突然連絡くれた日から」と、連絡がきた日のことが過去になってしまっています。時間が流れすぎているので、ここも金曜日当日の気持ちに変更します。

【1-C】
FRIDAY's MAGIC　~~ずっとずっと一緒だよ~~ **今日から運命変わる予感**
FRIDAY's MAGIC　~~突然連絡くれた日から~~ **生き方自分で選ぶ性分**
~~新しい恋が　始まって~~ **昨日までの恋　上書いて**
~~続いていくの~~ **今始まるの** SPECIAL NIGHT

▪ 推敲ポイント3：Aメロを修正する

　金曜日の情景が書かれている【1-A】ですが、「FRIDAY＝金曜日」が登場するのが少し遅くなっています。最初にFRIDAYが来るように流れを修正します。

【1-A】
~~正真正銘 Love Chance~~ **失恋直後の FRIDAY**
キミから Call　想定外
~~失恋直後の FRIDAY~~ **正真正銘 Love Chance**
あんなヤツのことは忘れて　繰り出そう

▪ 推敲ポイント4：言葉のカブリを減らす

　【1-B】を修正したことによって、【1-B】で「恋の中飛び込める」【1-C】で「昨日までの恋」と「恋」が2回登場し、くどくなっています。ここを他の

表現に変えられないか考えてみます。

　なお、A メロの「失恋」は「恋」という文字は入っていますが別の意味なので、カブリとはしません。

　ここでは B メロの「恋の中」を「夜の中」に変えてみます。

【1-B】
ドキドキする気持ち　誰にも邪魔できない
何度だって　新しい
恋**夜**の中　飛び込める

▪ 推敲ポイント5：サビ（Cメロ）に気持ちを入れる

　【1-C】を見てみましょう。一見悪くない感じがしますが、サビ（C メロ）にはテーマ＝気持ちが入ります。気持ちとなる部分がないので、「今始まるの」→「始めてみたい」に修正します。

【1-C】
FRIDAY's MAGIC　今日から運命変わる予感
FRIDAY's MAGIC　生き方自分で選ぶ性分
昨日までの恋　上書いて
今始まるの**始めてみたい** SPECIAL NIGHT

▪ 推敲ポイント6：説明をセリフに変える

　セリフにできる箇所がないか探します。

　【1-B】の「夜の中　飛び込める」が少し説明っぽいため、「夜にほら

飛び込むの」に修正します。

【1-B】
ドキドキする気持ち　誰にも邪魔できない
何度だって　新しい
夜~~の中~~にほら　飛び込~~める~~**むの**

▪ 推敲ポイント7：サビ頭の母音をチェック

今回、サビ頭は「FRIDAY」、英語なので音節は「Fri/day」となり、口を大きく開く音で始まっているので、修正せずにこのままとします。

▪ 推敲ポイント8：タイトルをチェック

タイトル『FRIDAY's MAGIC』を検索すると、
・中原めいこさん『FRIDAY MAGIC』
・miwa さん『FRiDAY-MA-MAGiC』がヒットしました。
まったく同じタイトルではないので修正せずにこのままとします。
ただ、必ずこのタイトルでないといけないというほど凝ったタイトルではないため、提出後に修正が入る可能性は大いにあります。いくつか候補を考えておくのがベターです。

最終的に修正した歌詞がこちらです。

FRIDAY's MAGIC

作詞：昆真由美

【1-A】
失恋直後の FRIDAY
キミから Call　想定外
正真正銘 Love Chance
あんなヤツのことは忘れて　繰り出そう

【1-B】
ドキドキする気持ち　誰にも邪魔できない
何度だって　新しい
夜にほら　飛び込むの

【1-C】
FRIDAY's MAGIC　今日から運命変わる予感
FRIDAY's MAGIC　生き方自分で選ぶ性分
昨日までの恋　上書いて
始めてみたい SPECIAL NIGHT

　最終的に、完成した歌詞を歌ってみて気持ちよく歌えるかをチェックしましょう。
　テーマとしては「失恋直後でも、ポジティブに新しい恋愛を楽しもう！」
　タイプとしては「ストーリーソング×イベント（金曜日）」
　の歌となります。
　推敲前の歌詞でもプロットにしたがって書かれているので、推敲前の歌詞も、テーマに沿ってはいます。しかし、歌詞を推敲し時間軸や表現を変えるだけでかなり印象が良くなることがわかったと思います。

8章 キャッチーの正体

ヒット曲には「キャッチーな歌」が多い

ヒット曲には「キャッチーな歌」が数多くあります。「キャッチー」とは何かについて考えていきましょう。

▪ キャッチーとは

「キャッチー」とは、覚えやすく、多くの人の心をとらえる表現のことです。「catch」には「とらえる」という意味があります。「キャッチー」と似た言葉に「キャッチコピー」があります。キャッチコピーは、短いフレーズで商品やサービスの訴求ポイントを表して人の心をとらえるものです。

歌では、メロディーとフレーズが同時に耳に入ってきます。メロディーとフレーズが一体となって聴こえてきたときに、大勢の人が「一度聴いたら忘れない」と思うような歌、つまり、覚えやすいメロディーと耳に残る歌詞を持った歌がキャッチーな歌です。

作ろうとしている歌が、大勢の人に聴かれることを目的とする場合、キャッチーさを意識すると良いでしょう。「一度聴いたら忘れない」ためには、わかりやすさが必要です。では、わかりやすい歌詞とは、いったいどんな歌詞でしょうか。

▪ わかりやすい歌詞　２つのポイント

わかりやすい歌詞のポイントは２つあります。
・１回聴いただけで（内容が）わかる
・１番を聴いただけで（内容が）わかる

あなたがいい曲だな、と思うとき、この２つがあてはまるのではないでしょうか。

少し想像してみましょう。あなたがファストフード店でコーヒーを飲んでいたら、初めて聴く曲が店内放送から流れてきました。なんとなく聴き入って、「いい曲だな」と思ったとしますね。「初めて聴いて」「耳からの情報だけで」、いい曲だと思うわけです。店内放送で２番まで流れることもあると思いますが、２番まで聴いて初めていい曲だと気づいた、ということは少ないでしょう。

リリースされている曲の多くはわかりやすい歌詞なので、どんな歌詞がわかりやすく、どんな歌詞がわかりにくいのかイメージすることは難しいかもしれません。

わかりにくい歌詞の例を次に紹介します。

▪ わかりにくい歌詞１：文章が長い

メロディーの切れ目には文節を持ってくる、と２章で述べました。メロディーの切れ目と文節が合っていたとしても、長い文章は歌詞ではわかりにくさを生んでしまいます。目安としては２〜４小節で１文を終わらせるようにしてみましょう。

たとえば次のような歌詞があったとします。

どんな人でも心に大切に持っているもの
それはきっとたくさんあると　みんな思い込んでいて
いつだって血眼になってそれを集めるけれど
実はたったひとつのもの以外はそんなに大切じゃないと
僕はわかっているつもりなのに
また同じことを繰り返してしまうから
後悔し続けているんだ

わかりにくいと感じないでしょうか？

　歌を聴くとき、誰もが歌詞の意味を考えながら聴いているわけではありません。また、歌を聴くときに前後を含めた長い文章を記憶しておくことは簡単ではありません。目で文章を追っている分には比較的意味をとらえやすいのですが、耳で聴く場合は、前に歌っていた内容は忘れてしまいがちです。

　たとえば、「血眼になってそれを」というフレーズが耳に入ってきたときに、多くの場合、「それ、って何を指していた？」となってしまい、気持ちが置いていかれてしまいます。

　また、この歌詞には「どんな人でも」「みんな」「僕」と主語がたくさん出てきているのも混乱させる一因です。

　たとえば下記のように文章を整理することで、歌詞の内容が頭に入ってくるようになります（音数は考慮していません）。

誰もが心に大切に持っているものは実はたったひとつ
たくさんあると思い込んでいる人は多いけど
僕はそれを知っている
なのにまた同じことを繰り返して後悔している

キャッチーな歌詞を目指すなら、書きたいことをただ並べるのではなく、リスナーを置いていかずに、理解して聴いてもらうための工夫が必要です。

▪ わかりにくい歌詞2：小さな裏切りがある

7章の『情景を遠く→近くに書けているか』の項目で、「額ににじむ汗」「ボールを追いかける君」よりも「真夏の太陽」が先に登場する方がわかりやすいと述べました。また、7章『FRIDAY's MAGIC』の推敲で、Aメロの「失恋直後のFRIDAY」が冒頭にくるように修正しました。このように、季節や情景などの場面設定はできるだけ早く行いましょう。昼の風景を想像しながら歌を聴いていたのに、実は夜の風景を描いた歌だった、となるのはリスナーに対する小さな裏切りです。リスナーが「あれ、違うのか」と思った瞬間から、リスナーの気持ちが置いていかれてしまいます。

キャラクターのブレも同様です。一途な子が主人公のラブソングだと思って聴いていたら、2番では実は何人も彼氏がいる……というようなストーリーが展開されたら裏切られた気持ちになります。歌詞を書くときには、第三者の視点を持ち、その歌詞を聴いたときにリスナーがどう受け取るかを意識することが大切です。

▪ わかりにくい歌詞3：やたら難しい言葉が出てくる

歌詞に難しい言葉や知らない言葉が出てくると、カッコよさを生むことがあります。また、漫画や歌詞などで初めて知った言葉は印象に残るものです。

歌詞の中でスパイスとしてそういった言葉が出てくるのは良いのですが、歌詞全体が難しい言葉でできていると、「キャッチー」とは遠くなってしまいます。

ただし、アニソンやボカロ曲など、世界観を楽しむための歌であれば、難しい言葉ばかりで書かれた歌詞でも好まれる場合があります。

▪ わかりにくい歌詞４：聞き取れない

　せっかく歌詞でいいことを言っていても、何を言っているのかよくわからない歌詞というのもあります。何度も聴かなければ意味がわからなかったり、何を言っているのか聞き取れなかったりすると、それは「キャッチーな歌詞」ではありません。難しい言葉が出てくるのもそうですが、早口すぎて聴こえなかったり、アクセントの違いによって別の言葉と聞き間違えられてしまったり、聞き取れない歌詞の原因は様々です。歌詞を書くときには、歌い手が歌いやすいかどうかに加えて、リスナーが聴き取れるかどうかについても意識することが大切です。

ヒット曲が持つ4要素

ヒット曲には次の4つの要素があります。

- クオリティー …… アレンジの精度、使われている音色など
- インパクト …… 聴いた瞬間に気になる、衝撃を受ける音や言葉
- 共感 …… 歌の内容に自分を重ねて「その気持ちわかる」と思うこと
- メッセージ …… 歌が聴き手に伝えたいこと

ヒット曲にはこの4つのいずれか、もしくはいくつも入っている歌が数多くあります。

この4つの中で、歌詞が担当しているのは主に

- インパクト
- 共感
- メッセージ

の3つであると考えます。

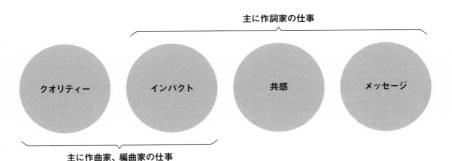

図8-1

それぞれについて解説します。

▪ ヒット曲が持つ要素1：クオリティー

　クオリティーとは質のことです。世の中にリリースできるレベルのもの、という意味では曲も歌詞も「クオリティー」が求められますが、ここで言う「クオリティー」には、最新の技術を取り入れて「今っぽい曲」が作られることも含みます。音の響きや楽器に関しては、作曲・編曲が担当する部分です。したがって、基本的に「クオリティー」は主に作曲・編曲の担当と考えます。

▪ ヒット曲が持つ要素2：インパクト

　インパクトとは衝撃のことです。またインパクトのある歌とは、歌を聴いたときに、強い印象や衝撃を受ける歌のことを指します。「キャッチー」とも近いニュアンスです。「インパクト」には、音で与えるインパクトと言葉で与えるインパクトのどちらもあるので、作曲・編曲、作詞の両方の担当と考えます。

▪ ヒット曲が持つ要素3：共感

　共感とは、他の人の考えや主張に同感することです。歌に共感するとは、歌を聴いて「そういう経験ある！」「わかる！」と思うことを指します。メロディーに対して共感するということはゼロではありませんがあまりないでしょう。そのため、これは主に歌詞の担当と考えます。

▪ ヒット曲が持つ要素4：メッセージ

　メッセージとは「伝えたいこと」です。歌のテーマと近い意味を持ちます。歌を通してこういうことを伝えたいんだな、とわかる歌がメッセージ性の強い歌です。メロディーだけでメッセージを伝えることも難しいので、これも主に歌詞の担当と考えます。

それぞれの要素で注意すべきこと

　主に歌詞が担当する『インパクト』『共感』『メッセージ』それぞれの要素を入れる際に注意すべきことについて解説します。

▪『インパクト』で注意すべきこと

　『インパクト』の要素を入れる際には、必ずしも「奇抜な言葉」「珍しい言葉」を選べばよいというものでもありません。歌は「耳で聴くもの」です。ありきたりな言葉でも「音に乗ったときに、一度聴いたら耳から離れない言葉」を目指しましょう。

▪『共感』で注意すべきこと

　たくさんの人を共感させたいと思うあまり、普遍的でつまらない歌詞になってしまうことがあります。『共感』の要素を入れる際には、大勢を共感させようとするのではなく、「誰かひとりに向けて書く意識を持つ」ことが大切です。また、「こういうシチュエーションは誰もが経験しているから共感を得られるはずだ」と考えるのではなく、「こういう気持ちはきっと誰にもあるはずだ」と、シチュエーションではなく気持ちで共感させることが大切です。

　たとえば、受験生に向けた応援歌のつもりで書いたけれど、就職活動中の学生の胸にとても響いた、というような嬉しい誤算は多いのです。これはシチュエーションではなく気持ちで共感を生んだ結果といえるでしょう。

▪『メッセージ』で注意すべきこと

　『メッセージ』の要素はテーマと同様、1曲に1つだけ入れましょう。いくつも入れてしまうと、メッセージが伝わりにくくなってしまいます。書いた歌詞を見直して、言いたいことが2つ以上あると思ったら思い切っ

て片方を捨てる覚悟が必要です。捨てたそのアイデアで、別のもう1曲を作るくらいの気持ちを持ちましょう。

▪ 4つの要素はバランスが大切

　ヒット曲それぞれにこれらの4つの要素がすべて入っているとは限りません。

　「インパクトはすごいけど訴えてくるメッセージはない」と感じる歌もあるでしょうし、「すごく共感するけど、インパクトはそんなにない」と感じる歌もあるでしょう。

　ヒット曲だけを見ても、その性質は様々です。どのポイントで「いい歌」と思わせるかはその歌次第であり、聴き手次第でもありますが、先に述べた4つの要素のうちどれも入っていない歌というのは、作詞をする側としては避けたいものです。

　「この歌で言いたい『メッセージ』は明確で、『共感』を目指すけど、ある程度『インパクト』も欲しい」など、曲の中でバランスをとってみましょう。もちろん「この曲はインパクトはいらないからとにかく共感させたい」というバランスの取り方でも大丈夫です。

　歌詞を書いていると、ついひとりよがりの歌詞になってしまうことが多々あります。また、自分ではよくわかっているのに聴き手には伝わらない、ということも最初のうちはよくあります。自分の書いた歌詞を客観視するためにも、4つの要素がうまく表現できているかをチェックしてみると良いでしょう。

///9章 ラブソングを書くときのポイント

J-POPにはラブソングが多い

　J-POP は恋愛に関するテーマが多いと 4 章で述べました。そのため、J-POP の歌詞を書く場合、ラブソングを書く機会は少なくありません。ラブソングの書き方のポイントを学んでいきましょう。

▪ 恋愛の流れの中の「点」を書く

　歌はストーリーのワンシーンを選んで書く、と 5 章で述べました。これはラブソングも同様です。下記は、男女を例にとり、出逢いから別れまでの恋愛の流れを表した図です。

【男女の恋愛の流れ（出逢いから別れまで）】

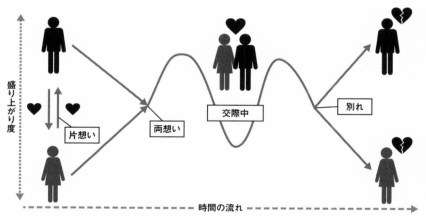

図9-1

6章の『やさしい雪』、7章の『FRIDAY's MAGIC』がこの図のどの位置のことを書いた歌詞か、それぞれ考えてみましょう。

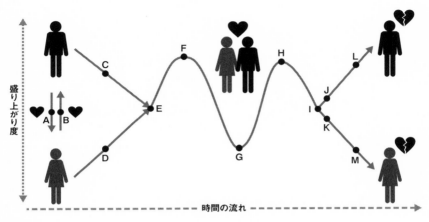

図9-2

『やさしい雪』は片想いの歌です。まだ気持ちを伝えていないので、Bと考えられます。

『FRIDAY's MAGIC』の場合は「失恋直後のFRIDAY」の曲なのでKになります。しかし、同時に新しい恋が始まっている気配もあるので、その解釈であればBもしくはDと考えます。

1曲で書くストーリーは、この図の中の「線」ではなく「点」であると意識しましょう。たとえば同じ失恋の歌でも、別れてすぐの時期を書いた歌詞なのか、別れて何ヶ月経ってもまだ忘れられない状況を書いた歌詞なのかによって点「●」の位置は変わります。歌詞の主人公はどの位置にいるのか、図の中に実際に点「●」を書き込んでみると良いでしょう。

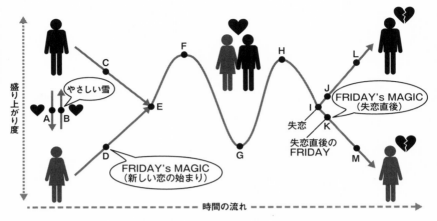

図9-3

▪ ラブソングに自分の経験を書く際は「自分だけ知っていること」に注意

ラブソングは、基本的に「相手への気持ち」を歌ったものです。そのため、自分以外の「相手」が歌詞の中に何らかの形で登場します。したがって、自分の気持ちだけをストレートに書くのではなく、相手のどんなところが好きで、相手とどんな関係かなど、第三者的な視点で聴き手に伝えることが必要です。

シンガーソングライターなど、自分の経験をラブソングにすることがあるかもしれません。私自身も歌詞を書き始めた頃にありましたが、実体験を歌にすると、ひとりよがりな歌詞になってしまいがちです。自分の経験を歌詞にする際には相手の容姿や好きなところ、ふたりの思い出などを知っていることが前提としてありますが、歌を聴く第三者はそれを知りません。「あのときはありがとう」というような「自分しか知らないエピソード＋自分の気持ち」を歌ってもリスナーはついていけません。そのため第三者が聴いてもわかるような設定を用意することが必要になります。プロットの段階でこれを意識するようにしましょう。

▪ 相手がどんな人かを垣間見えるように書く

　ストーリーソングなどでは、相手がどんな人かを垣間見えるように書くのも1つの方法です。事細かに相手のことを書く必要はありませんが、「なるほどそういう感じの相手なのね」と感じる程度に匂わせると聴き手がストーリーに入り込みやすくなります。

　たとえば、『FRIDAY's MAGIC』に登場する相手は女の子に急に電話をかけてくるような男の子です。もしかしたらプレイボーイかも、とリスナーの想像を掻き立てます。このように、どんな相手なのかをストーリーに織り込むと第三者から共感されやすい歌詞になります。実体験でもそうでなくても、ストーリーそのものから少し距離を置いて、第三者視点を持ちながら書くことが大切です。

▪ 100％ハッピー or アンハッピーな歌詞にしない

　恋愛にはハッピーなときとアンハッピーなときがあります。どんなにラブラブに見えても、それが本当に100％ハッピーな恋人同士であるかどうかは誰にもわかりません。100％ハッピーな歌詞というものにはリアリティがなく、リスナーからすると「ただのノロケ」と思われてしまう可能性もあります。

　ラブソングの書き方のポイントの1つは、歌詞の100％をハッピーもしくはアンハッピーなエピソードで埋めないことです。**幸せな歌にはひとさじの不幸を、不幸な歌にはひとすじの光を書くようにすると、リアリティのある歌詞になります。**

　次に、恋愛の経過ごとの書き方のポイントを見ていきましょう。

恋愛の経過ごとの書き方のポイント

　次に、恋愛の経過ごとの書き方のポイントを押さえましょう。先ほどの図を、大まかに
　　①片想い期（片想い～交際前）
　　②交際期（ハッピー＆アンハッピー）
　　③失恋期（別れ～フリー）
の３つに分けてみます。

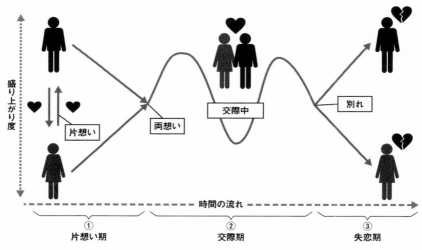

図9-4

①片想い期（片想い～交際前）では自分の気持ちにフォーカス

　片想い期（片想い～交際前）を歌う歌、すなわち片想いソングでは、まだお互いの人生が交わっていない時期のことが書かれます。リスナーだけでなく歌の主人公ですら相手の情報が少ない状態なので、片想いソングの歌詞では相手がどんな人かということよりも、主に自分の気持ちにフォーカスすることが多くなっています。自分が相手をどんな風に好きなのかを掘り下げて書いていくと良いでしょう。相手がどんな人かわからないからこそ、リスナーが自分の片想いと重ねて共感するという効果を生むことが

できます。

　相手の容姿が奇抜だとか、特殊なシチュエーションで出会ったなど、出逢いそのものにインパクトがあるような場合はそのエピソードを詳しく書いてかまいません。

　片想い期のハッピー要素には、恋に対する高揚感や願望、欲望などがあり、アンハッピー要素には思いが伝わらないもどかしさや、両想いへの障害などがあります。片想いソングには思いが伝わらない、思いを伝えないというアンハッピーが前提にあるので、あえてアンハッピー要素を入れなくても良いでしょう。

　いくつか例を見ていきましょう。

　『CHE.R.RY』（YUI）では、「絵文字のメッセージが届くとワクワクする」「返事をすぐにしてしまう（かけひきできない）」「願いを込めてメッセージを送る」など、片想いならではの行動が描かれています。

　『あなたに恋をしてみました』（chay）では、「お洒落したのに空回り」「さりげない一言だけで振り回される」など片想いならではの行動や、「初めて会った日から何か違うトキメキを感じていた」「何でも出来そうな力が湧く」など、恋によって起こる自分の心情や行動の変化が描かれています。

　『貴方の恋人になりたいのです』（阿部真央）では「貴方をもっとちゃんと知りたい」「今より仲良くなりたい」「深入りしたら嫌がらないか」「一緒に花火を見たい」「貴方の恋人になりたい」と相手を想う自分の心情や願望がたくさん描かれています。

　『高嶺の花子さん』（back number）では、「となりで目覚めておはようと笑う君を見たい」「会いたい」「僕のものにしたい」など、自分の願望や妄想などが主に描かれています。

　これらのように、**主に自分の気持ちにフォーカスするのが片想いソングの特徴です。**

　なお、上記の例では、「お洒落したのに空回り」「深入りしたら嫌がらな

いか」などが、片想いならではのネガティブ要素（思いが伝わらないもどかしさ）になります。

②交際期ではハッピーとアンハッピーのバランスを意識する

交際期はいわゆる両想いの時期なので、基本的には歌詞にも幸せなふたりを描きます。しかし、交際期であってもハッピーとアンハッピーの両面があることを意識しましょう。

交際期のハッピーな出来事を書くときも、歌詞の100％をハッピーなエピソードにしない方がリアリティが出ます。

たとえば、『いとしのエリー』（サザンオールスターズ）では相手（エリー）への愛を歌いながらも、「泣かしたこともある　冷たくしてもなお」と、ハッピーだけではない面が垣間見えます。また、ウェディングソングとしても人気の『花束』（back number）では幸せなふたりを描きながらも「そりゃケンカもするだろうけど」「最後は私がフラれると思うな」「浮気しても言わないでよね」と、良いことばかりではない未来を想像しているフレーズも多く出てきます。『アイネクライネ』（米津玄師）では「あなたに会えて本当に嬉しいのに当たり前のようにそれらすべてが悲しいんだ」「今痛いくらい幸せな思い出がいつか来るお別れを育てて歩く」と、両想いになったからこそ感じる不安が書かれています。

交際期のポジティブな面を書くときは、このように「いろいろあるけど幸せ」というストーリーを意識すると良いでしょう。

また、交際期における喧嘩やすれ違いなど、アンハッピーな出来事についても、歌詞の100％をアンハッピーなエピソードにしない方がリアリティが出ます。相手を好きだからこその悩みや喧嘩、という表現を心がけると良いでしょう。

『二人は恋人』（森高千里）では、「最近あなた優しくないわ」「デートを

してても気配りがない」「そっけない態度」など、交際相手に不満をもつ主人公が、泣きながらすねたり、思いきり不機嫌になったりします。しかし、そんな主人公に対し、慌てた顔して急に優しくなったり、困った顔してすぐに冗談を言う相手を嫌いにはなれず、結局いつも「しゃくだけどつい許してしまう」主人公が描かれています。

『OH! MY GIRL, OH MY GOD!』（T.M.Revolution）では、ちょっとおバカな彼女に対し「恋心萎えちゃう日もある」「友達に紹介する勇気はない」と思いながらも「誰もが振り向く君をフるにゃ惜しい」「飽きない君といよう」など、結局彼女を手放せない主人公が描かれています。

　交際期のネガティブな面を書くときは、このように「なんだかんだいっても結局は好き」というストーリーを意識すると良いでしょう。

③失恋期（別れ〜フリー）には希望の光をひとすじ入れる

　失恋期（別れ〜フリー）は、いわゆる失恋ソングです。失恋ソングには別れた理由がわかるエピソードを入れることでリアリティが増します。相手の心変わりなのか、自分の心変わりなのか。引っ越しや親の反対など物理的な理由なのかなど、歌詞の中にはっきりと書くことがなくても、プロットの段階では作り込んでおくと良いでしょう。

　また、別れた後に未練があるような場合は、過去のふたりのやり取りや相手の姿を事細かに思い浮かべたりという歌が多く見られます。そのため、失恋ソングでは相手がどんな人かについて垣間見える部分を作りやすくなります。さらに、自分の思いだけでなく、別れに対して相手がどう思っているなどもプロットで作っておくとストーリーに深みが出るでしょう。

　失恋後は相手の情報がありながらもふたりの関係が発展しない状況になるので、主にふたりの関係を思い出すシチュエーションが描かれます。失恋ソングはアンハッピーな内容になりがちですが、ここでも100%アンハッピーなエピソードにするのではなく、ほんの少しハッピーなエピソードを入れると良いでしょう。失恋ソングにおけるハッピーとは、「それでも好きだっ

た」「悪い人じゃなかった」「うまくいかなかったけど付き合ってよかった」など、過去の恋愛を肯定することを書いたり、「忘れてスッキリしよう！」「次は素敵な人と出会う！」という前向きな気持ちなどです。また、「幸せだった過去」と「それを失った今」の対比を書くと切なさを生むことができます。

　このような、失恋ソングにおける「ひとすじの希望の光」は歌詞の最後に書かれていることがよくあります。

　『Over』（Mr.Children）では、別れた彼女の容姿ややり取りを思い出しながらも「言葉にならない悲しみのトンネルを　さぁくぐり抜けよう」と前を向く主人公が描かれています。
　『今夜は HEARTY PARTY』（竹内まりや）では友人に失恋話を打ち明けつつ、「いつか出逢える（キムタクさえもかすむような）あなたを夢見て」と前向きになる主人公が描かれています。

　失恋期（別れ～フリー）の歌詞を書くときには、これらのように悲しみの中にも希望の光がひとすじ差し込むように書く意識を持つと、悲しくもあたたかい失恋ソングになります。

▪ ラブソングのチェックポイント

　恋愛はひとりでするものではないため、思うようにいかないことが多々あります。リアリティのあるラブソングを書くにはハッピーとアンハッピーのバランスを考えながら書くことが大切です。
　【男女の恋愛の流れ】の図に、それぞれの位置でのチェックポイントをまとめました。
　ラブソングを書くときには、【男女の恋愛の流れ】の図を参考にプロットを作ったり、作ったプロットや書いた歌詞を図にあてはめながら推敲してみてください。

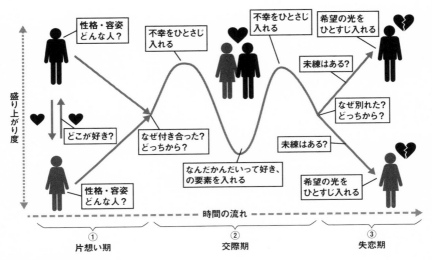

図9-5　男女の恋愛の流れ

///10章 さらに心に響く歌詞を目指すポイント

表現技法で遊ぼう

　歌は基本的に肩の力を抜いて楽しむものです。言いたいことを詰め込んだだけの歌詞はどこか窮屈に感じます。表現技法は、いわゆる言葉遊びのようなものです。「遊び」には「楽しむ」という意味だけでなく「ゆとり、余裕がある」という意味もあります。様々な表現技法を使うことで、歌詞に余裕が生まれ、歌い手にとっても聴き手にとっても心地よい歌になりやすいのです。

▪ 表現技法１：比喩表現

　比喩とは、たとえのことを指します。あるものを他のものにたとえて表現するのが比喩表現です。比喩表現は作詞をするうえで最も重要な表現技法といえます。比喩には大きく分けて直喩と隠喩の２種類があります。

　比喩の中でも、「〜のようだ」「〜のような」などを使って、直接的にたとえる技法が「直喩」または「明喩」です。英語で simile（シマリー）とも言います。「〜のようだ」「〜のような」の他に、「〜のごとく（ごとし、ごとき）」「〜みたいな（みたいに）」「〜に似た」なども直喩です。また、「まるで」「さながら」「たとえば」などの言葉が一緒に使われることもあります。

　直喩に対して、「〜のようだ」「まるで」などの言葉を使わずに、たとえであることがはっきりとはわからない表現が「隠喩」または「暗喩」です。英語では metaphor（メタファー）と言います。

擬人法

　擬人法とは、人ではないものを人にたとえる表現技法です。頬に風がやさしく当たることを「風が頬を撫でる」と言ったりします。これは風を人にたとえた表現です。擬人法も比喩表現の1つといえるでしょう。擬人法はタイトルにも使われることもありますが、比較的タイトルよりも歌詞の中で登場することが多いように思います。擬人法は主語が人以外のものになるので、Aメロで情景描写をするときなどに重宝します。

比喩表現の例

　歌のタイトルに直喩、暗喩、擬人法が使用されている例をまとめてみました。

比喩表現	例文	歌のタイトル
直喩	• 彼女は太陽のように眩しい • まるで天国のような風景	• 今宵の月のように（エレファントカシマシ） • 白い雲のように（猿岩石） • 嘘みたいなI Love You（宇多田ヒカル） など
隠喩	• 君は太陽だ • この景色は天国だ	• 雨音はショパンの調べ（小林麻美） • 雪の華（中島美嘉） • 恋は夕暮れ（スピッツ） など
擬人法	• 空が泣いている • 風が頬を撫でる	• 愛がひとりぼっち（岩崎良美） • 雨が叫んでる（田原俊彦） など

歌詞で比喩表現を使うメリット

　歌詞に複数の比喩表現が登場することは珍しくありませんが、比喩表現が1つも出てこない歌詞はほとんどないと言って良いでしょう。それほど比喩表現は歌詞を書くうえで非常に重要です。**比喩表現を使うと、表現に深みが増すだけでなく、伝えたい事柄をよりわかりやすくイメージさせることができます。**

　また、比喩表現を使うことでオリジナリティを出すこともできます。
　「僕」が彼女に怒られている、という状況を、比喩表現を使って2パターン表現してみます。

> 【A】 彼女は僕を鬼のような顔でにらんでいる
> 【B】 彼女は僕を子犬のような目でにらんでいる

　このときの「彼女」の顔が【A】【B】どちらも同じ表情だとすると、【A】の「僕」は彼女をものすごく怒らせていると思っていて、【B】の「僕」は怒った顔もかわいいなあ、くらいにしか思っていないように例文からは感じ取れます。**比喩表現には歌詞の主人公や作詞家自身の感じ方が表れます。そのオリジナリティがキャッチーさにつながっていくこともあるでしょう。**

　さらに、**比喩表現は、固有名詞や政治批判、性などストレートには歌いにくい事柄を示唆することにも役立ちます。**

　このように、歌詞の中で比喩表現を使うことには様々なメリットがあります。比喩表現は作詞に積極的に取り入れたい表現技法です。

▪ 表現技法2：オノマトペ

　オノマトペとは、人や物事の状態、心情や音、声などを感覚的な言葉で表したものです。古代ギリシャ語の「onomatopoiia（オノマトポイーア）」が語源で、「onomatopoiia」には「onoma（名前）」＋「poein（作る）」＝「言葉を作る」という意味があります。

　オノマトペは大きく分けて「擬態語」「擬音語」「擬声語」の3種類に分けられます。擬態語は物事の状態を、擬音語は主に自然界の音や物音を、擬声語は人間や動物の発する声を表します。

オノマトペの例

　オノマトペは日常会話でもよく使われる、身近な表現技法です。具体例を見てみましょう。

オノマトペの種類	説明	例
擬態語	物事の状態を表す	キラキラ、にこにこ、ごちゃごちゃ、テカテカ、ふっくら、すべすべ、ワクワク、チクチク、フラフラ、イライラ など
擬音語	自然界の音や物音を表す	バタン、ザアザア、バタバタ、ドンドン（と叩く） など
擬声語	人間や動物の発する声を表す	ニャンニャン、ワンワン、コケコッコー、ガミガミ（と怒る）、ゴホン（と咳をする）、エーン（と泣く） など

　上記はほんの一例です。世界の他の言語に比べて、日本語はとくにオノマトペの数が多いと言われています。

歌詞でオノマトペを使うメリット

　オノマトペは感覚的で記憶に残りやすく、子供でも理解しやすい言葉です。そのため、オノマトペを使うと堅苦しい表現や長い説明ではなく、簡単かつ簡潔な言葉で表現することができます。

　たとえば、

　光って綺麗

　と書くと少し堅苦しい表現に感じますが、

　キラキラしてる

　と書くことで、音数は変わりませんが同じ情景と心情をより感覚的に伝えることができます。

　また、オノマトペを使うと細かいニュアンスの表現ができます。同じ雨でも、「ポツリポツリ」「シトシト」「ザアザア」と書き分けることで雨の強さの違いを伝えることができます。

　歌詞では「説明っぽい」「わかりにくい」ものよりも「感覚に訴える」「わかりやすい」ものが好まれます。オノマトペを歌詞に使うことで、わかりやすく、感覚に訴える歌詞にすることができるのです。

　さらに、自分でオリジナルのオノマトペを作ってみるのもおすすめしま

す。世の中に存在しない言葉が登場しても怒られないのが歌詞の世界です。オノマトペを使うだけでなく、自分が発明したオリジナルのオノマトペを使うと、歌詞がぐっと面白いものになるでしょう。

▪ 表現技法３：五感

　五感は人間のもつ感覚を視覚、聴覚、嗅覚、味覚、触覚の５つに分類したものです。

・視覚（目で見る感覚）
・聴覚（耳で音を感じる感覚）
・嗅覚（鼻で匂いを感じる感覚）
・味覚（舌などで物の味を感じる感覚）
・触覚（皮膚で感じる感覚）

五感の例

　歌詞に五感が使われている例をまとめてみました。

オノマトペの種類	説明	例
視覚	目で見る感覚	花屋の店先に並んだいろんな花を**見ていた** （SMAP『世界に一つだけの花』）
聴覚	耳で音を感じる感覚	耳を澄ますと微かに**聞こえる**雨の音 （スキマスイッチ『ボクノート』）
嗅覚	鼻で匂いを感じる感覚	胸に残り離れない　苦いレモンの**匂い** （米津玄師『Lemon』）
味覚	舌などで物の味を感じる感覚	最後のキスはタバコの**flavor**がした （宇多田ヒカル『First Love』）
触覚	皮膚で感じる感覚	抱きしめた**温もり**で溶かすから （YOASOBI『夜に駆ける』）

　歌詞では、Ａメロなどで場面設定をするときには「見えるもの」を書こうとするため、視覚に関しては自然と書いていることが多いように思います。しかし、聴覚、嗅覚、味覚、触覚を歌詞に織り込むのは、意識しない

と難しいかもしれません。

歌詞で五感を使うメリット

　歌詞で五感が使われていると、聴き手は歌詞に出てくる感覚の疑似体験ができます。「○○の匂い」といわれればその匂いを思い起こしますし、「○○の音」といわれればその音を自然とイメージします。このように、**五感には、聴き手に曲の雰囲気を立体的に伝える効果があるのです。**

▪ 表現技法４：反復法と対句法

　反復法は「同じ言葉、または似ている言葉を繰り返す表現」のことで、「繰り返し」や「リフレイン」などとも呼ばれています。

　それに対して対句法は「同じような形をした（対になる）文を並べる表現」です。

反復法、対句法の例

　反復法、対句法の具体例を見てみましょう。

反復法	対句法
• なんで、なんで	• 聞くは一時の恥、聞かぬは一生の恥
• 嫌だ、嫌だ	• 話を聞かない男、地図が読めない女
• 会いたい、会いたい	• 昨日の敵は今日の友

歌詞で反復法、対句法を使うメリット

　歌詞の中で反復法や対句法を使うと、文章にリズムを生むことができます。そのため、反復法や対句法は歌詞を書くのにとても適した表現技法といえるでしょう。

　たとえば「マジで好き」というより、反復法を用いて「マジでマジでマジで好き」という方がリズミカルに聴こえます。曲先で作詞をする場合は、メロディーの中に「繰り返しのリズムがある箇所」を探し出し、そこに反復法を使うと良いでしょう。

対句法を用いる際は、たとえば「一緒に食べて笑う」だと、なんとなくリズムの悪い文章になりますが、「一緒に食べて、一緒に笑う」とすることでリズム感が生まれます。

　対句法で対になる言葉を並べると、似た文型が並ぶことになり、基本的に音数もほぼ同じになります。そのため、**メロディーにばっちり合う対句が作れると、とてもキャッチーな響きを生むことができます。**

　また、反復法を使うと、言いたいことを強調できます。たとえば、「嬉しい」というより「嬉しい、嬉しい」と２回繰り返した方が喜びが伝わりますし、「もっと上に行きたい」よりも「もっともっと上に行きたい」の方が、「上に行きたい」気持ちが伝わります。

　反復法や対句法を使うと、文章にリズムが生まれ、その箇所を強調することができますが、文章の持つリズムとメロディーのリズムが合っていないと効果的に強調させることはできません。歌詞の中で反復法や対句法を使うときは、メロディーをしっかり聴いて、使うべき箇所を見極めることが大切です。

▪ 表現技法５：ダブルミーニング

　ダブルミーニングとは、１つの言葉に対して２つ以上の意味や解釈を持たせることを指します。２つ以上の意味を持つ言葉を、日本語では古くから掛け詞（かけことば）と呼んでいます。

ダブルミーニングの例

　アイドルグループの名前などには、ダブルミーニングが使われていることがよくあります。たとえば、アイドルグループ「NEWS」のグループ名は、「NEWS＝新しい情報」という意味だけでなく、「グローバルに飛躍する」という意味を込めて東西南北（North,East,West,South）の頭文字をつなげています。

　また6章で『やさしい雪』の歌詞の「君想う心」を「かじかむ心」に修正しました。このとき「かじかむ」もダブルミーニングだと述べました。この箇所の「かじかむ」は下記のように2通りの解釈ができます。

> かじかむ心に　やさしい雪が積もってく
> 解釈1：寒さで手足が思うように動かない
> 解釈2：気持ちを思うように伝えられない

　「かじかむ心」、「やさしい雪」は比喩表現の擬人法です。心に雪が積もるというのは、比喩表現の隠喩になります。

　また、『宿命』（Official 髭男 dism）では、サビに「切れないバッテリー」という歌詞が出てきます。歌詞の中で「バッテリー」は「蓄電池」の意味で使われていますが、野球で「投手と捕手のペア」という意味も持ちます。同じ「バッテリー」という言葉で2つの意味を持つダブルミーニングです。『宿命』は、2019年 ABC 夏の高校野球応援ソング／「熱闘甲子園」テーマソングであったため、意図的にこのような表現をしていると考えられます。

同音異義語でダブルミーニングを作る

　また、同音異義語（同じ発音で意味が異なる言葉）を使ってダブルミーニングを作ることが歌詞では多々あります。

　たとえば、『本当』（クリープハイプ）では、歌い出しに「少し寄ったから少し酔ったけど」という歌詞が出てきます。「寄った」と「酔った」の同音異義語がダブルミーニングです。「少し寄ったから」と「少し酔ったけど」のメロディーは同じ形をしているわけではありませんが、同じ音数が2回繰り返される場所で効果的に同音異義語を使っているため、耳に入ってきたときにリズミカルで、かつ面白さを感じられる作りになっています。

　同音異義語では、同じ音に異なる漢字をあてることが多いため、歌詞を

見ずに耳で聴くだけではわからないことがよくあります。『本当』（クリープハイプ）のように、どういう意味で使っているのか文章の中でわかるようにすると、聴くだけで同音異義語の面白さを感じることができます。

　同音異義語は単語や文節の他に、英語×日本語でも作ることができます。

同音異義語の例

　同音異義語の具体例を見てみましょう。

同音異義語の例		
単語	文節	英語×日本語
・道 / 未知	・寄った / 酔った	・Curry（カレー）/ 華麗 / 彼
・此処 / 個々	・冷たい / 詰めたい	・Night and Day / 悩んで
・確信 / 革新	・会いたい / 相対	・I'll be there / 浴びて
・感傷 / 干渉 / 鑑賞	・歩こうか / ある効果	・It's so good / 急ぐ
・規制 / 既成 / 寄生		

　英語×日本語は、まったく同じ音ではなくても聴いたときに同じように聴こえる同音異義語になっています。「Night and Day」はカタカナにすると「ナイトアンドデイ」ですが、メロディーに乗せると「ナイアンデー」「ナヤンデー」と聴こえます。また、「彼」は伸ばす音に乗せることで「華麗」や「カレー」と聴こえるように仕掛けることができます。

歌詞でダブルミーニングを使うメリット

　ダブルミーニングは比喩表現と違い、聴いてすぐにわかるものではありません。歌詞を見て初めてわかるものや、歌詞全体の解釈、タイアップのテーマや歌い手の背景などと照らし合わせて初めてわかることがほとんどです。

　またダブルミーニングも、比喩と同様ストレートには歌いにくい事柄を歌詞に入れることができます。

　ダブルミーニングはすぐには気づきにくいものですが、その分気づいたときの喜びが大きい、いわゆる「仕掛け」になります。ダブルミーニングは比較的作詞の高等テクニックといえますが、歌詞の中で効果的に使えたら、

とても面白い歌詞になるでしょう。

▪ 表現技法６：体言止め

　体言止めとは、文の最後を名詞や代名詞で終わらせる表現方法のことです。体言止めは話し言葉よりも文章や詩などで多く使われます。

体言止めの例

　体言止めの例を見ていきましょう。

　『やさしい雪』のＡメロで体言止めになっている部分を探してみましょう。

> 【1-A】
> 君と歩く道に　降り積もる初雪
> 空から舞い落ちた　素敵な贈り物
>
> 【1-A'】
> 続いてく足跡　遠ざかる思い出
> 儚いからこそ　美しくて

　下記の太文字の部分が体言止めです。

> 【1-A】
> 君と歩く道に　降り積もる**初雪**
> 空から舞い落ちた　素敵な**贈り物**
>
> 【1-A'】
> 続いてく**足跡**　遠ざかる**思い出**
> 儚いからこそ　美しくて

体言止めを使わないと下記のような歌詞になります。

【1-A】
君と歩く道に　初雪が**降り積もる**
空から舞い落ちた　**贈り物のようで**

【1-A'】
続いた**足跡と**　遠ざかる**思い出は**
儚いからこそ　美しくて

歌詞で体言止めを使うメリット

　体言止めを使うと一定のリズムを生むだけでなく、適度に文章を区切ることができるため、**文章っぽさ、説明っぽさをなくすことができます**。また、体言止めを使うと、言葉の並べ方のバリエーションが増えるので、**言葉を音数に合わせるときにも重宝します**。

▪ 表現技法７：倒置法

　倒置法は、文章の中の言葉の順番を通常と逆にする表現技法です。倒置法には結論を先に述べるという特徴があります。

倒置法の例

　通常の文章と倒置法を使った文章の違いを見てみましょう。

通常の文章	倒置法を使った文章
宿題が終わった。	終わった、宿題が。
いつか猫を飼ってみたい。	飼ってみたい、猫を。
君のことが好きだ。	好きだ、君のことが。

　言葉の順番を通常と逆にすることで、印象的な文章になっています。また、結論を先に言うことで、その先に深い意味があるのではないかと気になる文章になります。このように、言葉や気持ちを強調したいときに倒置法を使うことがあります。

歌詞で倒置法を使うメリット

　倒置法には、結論を先に言うことで、相手の興味を引くというメリットがあります。ただし、歌詞の中で倒置法を使うときは、上記の例のように短い文章であれば問題はありませんが、長い文章になると文章全体で言いたいことが伝わりにくくなります。

　たとえば、『やさしい雪』の１番Ｂメロに倒置法を使ってみます。

【1-B】
恋するたびに吹く向かい風に
いつも　いつも　怯えていたけど

【1-B】
いつも　いつも　怯えていた
恋するたびに吹く向かい風に　だけど

　悪くはないのですが、「だけど」を歌う頃には、「怯えていた」のくだりを忘れてしまい、「なにが『だけど』なんだっけ？」となってしまうことが多くあります。

　歌詞の中で倒置法を使うときは、長い文章ではなく短い文章で使うことをおすすめします。

▪ 表現技法が歌詞のレベルアップにつながる

　表現技法がどんなものかを知っていても、歌詞で自由自在に使いこなすのは簡単ではありません。歌詞を書き慣れている人や、そうでなくても表現技法を無意識に使える人もいるかもしれませんが、初めのうちは、何度も考えてひねりだす人がほとんどでしょう。歌詞の中で表現技法が使われていると、しっかりと練られた歌詞だという印象を与えることができます。

　表現技法は覚えるものというよりも慣れていくものです。初めのうちは上手に使えなくても、様々な表現に触れたり、自分で書いていくうちに身についていくものなので、一生懸命覚えようとしなくても大丈夫です。まずはいろいろな表現があることを知り、楽しんでみることが第一歩です。

　7章で述べた、歌詞を書く上での推敲の大切さを思い出してください。**推敲のときに、様々な表現技法を使ってさらに良い表現ができないか? と歌詞をブラッシュアップしようとする姿勢こそが作詞のレベルアップにつながっていくのです。**

11章　韻を歌詞に取り入れるときのポイント

韻を踏んでみよう

　韻とは言葉の響きのことです。韻と聞くとラップの歌詞を思い浮かべる人がいるかもしれません。ラップには韻がたくさん使われていますが、J-POP などラップ以外の歌詞にも韻が使われていることがよくあります。韻の踏み方について見ていきましょう。

▪「韻を踏む」とは

　言葉同士の母音（a・i・u・e・o）を合わせて、似た響きの言葉を並べることを「韻を踏む」「押韻」と言います。また英語で韻のことを rhyme（ライム）と言います。このため、主にラップで韻を踏むことを「ライムを刻む」、「ライミング」と言います。

　韻には「頭韻」と「脚韻」があります。言葉の最初の音を揃えることを頭韻と言います。頭韻は英語で「alliteration（アリタレーション）」と言います。語尾から複数文字の母音を揃えることを脚韻と呼ぶのが一般的です（諸説あります）。脚韻は英語で「end rhyme（エンド・ライム）」と言います。日本では、脚韻が主流となっています。

▪押韻の例

　ここでは、もとの言葉に対して、母音２つ分、３つ分を合わせることを「2文字韻」「3文字韻」などのように呼ぶことにします。語尾から複数文字の

母音を揃える脚韻の例を見てみましょう。

もとの言葉	2文字韻	3文字韻	4文字韻	5文字韻
o・o・i・o・o	o・o	i・o・o	o・i・o・o	o・o・i・o・o
落とし物 (o・to・shi・mo・no)	目元 (me・**mo**・**to**) 大物 (o・o・**mo**・**no**) 引き出物 (hi・ki・de・**mo**・**no**) ガタゴト (ga・ta・**go**・**to**)	仕事 (**shi**・**go**・**to**) 着物 (ki・**mo**・**no**) 習い事 (na・ra・**i**・**go**・**to**) 常日頃 (tsu・ne・**hi**・**go**・**ro**)	置き物 (**o**・**ki**・**mo**・**no**) お着物 (**o**・**ki**・**mo**・**no**) お見事 (**o**・**mi**・**go**・**to**) 年頃 (**to**・**shi**・**go**・**ro**)	お年頃 (**o**・**to**・**shi**・**go**・**ro**) 大仕事 (**o**・**o**・**shi**・**go**・**to**)
a・i・a・a・e	a・e	a・a・e	i・a・a・e	a・i・a・a・e
待ち合わせ (ma・chi・a・wa・se)	汗 (**a**・**se**) 待て (ma・**te**) なぜ (na・**ze**) 匂わせ (ni・o・**wa**・**se**)	哀れ (**a**・**wa**・**re**) 前ならえ (ma・e・na・**ra**・**e**) スタバで (su・ta・**ba**・**de**) インスタ映え (i・n・su・**ta**・**ba**・**e**)	見合わせ (mi・**a**・**wa**・**se**) 幸せ (shi・**a**・**wa**・**se**) 今だぜ (i・**ma**・**da**・**ze**) 問い合わせ (to・**i**・**a**・**wa**・**se**) どちらまで (do・**chi**・**ra**・**ma**・**de**)	街中で (ma・chi・na・**ka**・**de**) 間違われ (ma・chi・**ga**・**wa**・**re**) マジ慌て (ma・ji・**a**・**wa**・**te**) 待ちやがれ (ma・chi・**ya**・**ga**・**re**)

　「落とし物」に対して「目元」「お見事」のように、字数が違っても後ろの母音が揃っていれば脚韻を踏めます。「落とし**物**」に対して「大**物**」「引き出**物**」「着**物**」のように語尾にまるごと同じ言葉を持ってきても韻を踏めます。

　また、韻を踏むための言葉は必ずしも名詞とは限りません。ガタゴト（gatagoto）のようなオノマトペでも韻が踏めますし、「どちらまで」「間違われ」などの文章や「インスタ映え」のように固有名詞を含む言葉で踏むことも多々あります。

▪ 韻を踏むメリット

　韻を踏んだ言葉は、口に出したときに、普通に話すよりもテンポよく聞こえるというメリットがあります。

たとえば表中の「待ち合わせ」をもとに、2文字韻、3文字韻を使ってみましょう。

スタバで	待ち**合わせ**	アイツ今日もインス**夕映え**	**なぜ**	**匂わせ**
(3)	(3)	(3)	(2)	(2)

メロディーがなくても韻によってリズム感を感じることができます。
また、4文字韻、5文字韻を使うと下記の例のようになります。

彼女と**待ち合わせ**　　**幸せ**なのは**今だぜ**
　　　　　(5)　　　　　(4)　　　　　(4)
でも**街中で**　**間違われ**　**マジ慌て**
　　　(5)　　　(5)　　　(5)
おい逃げるな**待ちやがれ**
　　　　　　　(5)

　韻を踏む母音の数が多いほどリズムが統一されます。
　ラップでは、たくさん韻を踏むほど、また、「共通する母音の数」が多いほど（2文字韻よりも3文字韻、3文字韻よりも4文字韻、4文字韻よりも5文字韻の方が）テクニックが高いとされます。
　このように、**韻を踏むとノリの良いリズムを生み出すとともに、抜群のインパクトを作ることができるのです。**

▪ ラップ以外の歌詞で韻を踏むコツ

　先に述べた通りラップでは「共通する母音の数」が多いほどテクニックが高いとされますが、ラップ以外の歌詞では、踏む韻の数を多くすることが必ずしも良いとは限りません。
　ラップ以外の歌詞でも韻は多用されていますが、「韻を踏んでいる」ことがわかりにくいものもあり、「やたら心地よく聴こえると思ったら韻を踏んでいたのか」と後から気づくパターンの方が多いように感じます。**ラップ以外の歌詞で韻を踏むコツとしては、まずメロディーの切れ目にうまく語尾を持っていくこと、そしてその語尾を揃えることです。**

　たとえば、西野カナさんの『Have a nice day』の歌い出しは下記のようになっています。

> 5分おきに鳴る目覚ま**し**
> お願い寝かせてもう少**し**
> まだ眠い**し**　テレビも見たい**し**　お腹すいた（Good morning!）

　メロディーの切れ目に語尾が来ていて、語尾が「し」で統一されているので、歌いやすいリズムを生んでいます。韻としては1文字韻を踏んでいることになりますが、韻というよりも語尾1文字を同じ文字にしているという形（後に述べる「語尾揃え韻」）です。いかにも韻を踏んでいる感じはあまりしませんが、自然に歌いやすさを作っています。

　Official 髭男 dism さんの『Pretender』も歌い出しが下記のようになっています。

> 君とのラブス**トーリー**
> それは予想**通り**

　こちらもメロディーの切れ目に語尾を持ってきていますが、先ほどの例と違い、語尾の言葉を揃えるのではなく「o·o·i」と3文字韻を踏んでいるので、韻を踏んでいることがわかりやすくなっています。Official 髭男 dism さんの歌詞には押韻がたくさん使用されますが、どれも非常にナチュラルに曲に溶け込む歌詞になっています。

言語を横断して韻を踏んでも良い

　「韻を踏む」というと、どうしても日本語同士で韻を踏むことをイメージしますが、言語を横断して韻を踏むのも良いでしょう。日本語でも、ひらがな、漢字、カタカナどれを横断しても良いですし、英語や和製英語、また K-POP であれば韓国語でも韻を踏めます。

Sing**ing**! Jump**ing**!	（英語×英語）
Sunr**ise**　朝の**合図**	（英語×日本語）

　韻を踏む際に重要なのは「音を合わせる」ことです。言葉を分解して母音を一生懸命探すなどと難しく考えるのではなく、ノリを重視して気軽に使っていきましょう。

▪ 言葉遊びを韻にしてみよう

　韻を踏む以外にも、言葉遊びはたくさんあります。ここでは、韻を踏むことに似た言葉遊びの種類を見ていきましょう。なお、ここで出てくる言葉遊びの種類は、私が名付けたもので、一般的な名称とは異なります。

ダジャレ韻

　先ほどの表の、「落とし物」に対する4文字韻の「置き物」と「お着物」は韻も踏んでいますが、そもそも「okimono」とすべて同じ音になっています。このように、母音を合わせるのではなく、まったく同じ音にするといわゆるダジャレになります。ダジャレで有名なのは「アルミ缶の上にあるミカン」「ふとんがふっとんだ」などです。オヤジギャグとも呼ばれます。日常生活では、ダジャレは相手を笑わせることもありますが、多くの場合脈絡なく使われるため、わざとらしく聞こえ相手をしらけさせてしまう危険性もあります。しかし、歌詞ではメロディーに乗っていることと、ストーリーの流れに沿ってダジャレを使うことで、比較的わざとらしくなく、自然な響きになります。ダジャレというよりも韻ととらえられることもあるため、こういった表現を私は単なるダジャレではなくあえて「ダジャレ韻」と呼んでいます。

　ダジャレを歌詞の中で使うときは、ダジャレと思わせず、「うまいことを言っている」と思わせることができるかどうかが肝心です。

語尾揃え韻

　ラップ以外の歌詞で韻を踏むときは、語尾を揃えることを意識しましょう。先ほど例に出した、西野カナさんの「Have a nice day」の歌い出しの語尾の「し」がこれにあたります。また、先ほどの表で、「落とし物」に対しての「大**物**」「引き出**物**」「着**物**」などのように、語尾にまるごと同じ言葉（ここでは「物」）を持ってきて韻を踏ませるパターンもありました。このように、韻を踏むのではなく、語尾を同じ言葉に揃えることを、私は「語尾揃え韻」と呼んでいます。

　語尾揃え韻の例を見てみましょう。

【語尾揃え韻（1 文字）】
限りな**く**　美し**く**
【語尾揃え韻（2 文字）】
会いた**くて**　淋し**くて**
【語尾揃え韻（3 文字）】
好き**なんだ**　本当**なんだ**

　1 〜 3 文字くらいの短い言葉で語尾を揃えると、いかにも韻を踏ませているというよりもリズムを合わせているんだなというように、ナチュラルに受け取られやすくなります。

　語尾揃え韻は、自然と歌詞になじむのが魅力です。ラップ以外の歌詞では、こういった自然な韻が重宝します。

韻を踏むのに役立つツール

　韻の踏み方がわかっても、様々な言葉を思いつかないのではないかと不安になるかもしれません。最近では、単語を入力すると自動的に韻を踏む単語を探してくれるツールがいくつも Web 上で公開されています。また、日本語だけでなく、英語で韻を踏みたいときにも、同じようなツールがあります。こういったツールをブックマークしておき、必要に応じて使ってみるのも良いでしょう。

韻を踏むのは難しいことではありません。会話の中のダジャレから歌が生まれたり、歌いながら歌詞を書いていたら無意識に韻を踏んでいたということはよくあります。日常生活の中で、韻を踏んでいる言葉を探したり集めたりすると、それが歌詞のストックになることもあります。積極的に韻や言葉を楽しみましょう。

///12章　言葉をインプットする

歌詞を書いていないときも作詞家でいよう

　作詞は作曲や編曲と比べると、時間がかからないと思うかもしれません。しかし、ここまで述べてきたように、作詞はただ歌えるように言葉を乗せて終わりではありません。プロットを作り、メロディーに言葉を乗せ、さらに推敲して仕上げていくものです。プロットを作るにしても、すぐにアイデアが浮かぶ場合もあればアイデアが浮かぶまでに何日もかかる場合もあります。推敲も、これだ！　と思う表現を見つけるまでに時間がかかることも多々あります。アイデアや良い表現を生むのは一朝一夕ではできません。歌詞を書いていない時間の使い方も大切です。陸上選手が走り高跳びや走り幅跳びの際に助走をしてより高みや遠くを目指すように、歌詞を書くまでに助走をしておくことが、良い歌詞を書くことにつながっていくのです。

▪ 知らない言葉を調べる

　私たちは、日常生活や学校で習う言葉以外にもたくさんの言葉に触れる機会があります。インターネットやニュース、小説や漫画などで自分の知らない言葉が出てきたら、まずは調べる癖をつけましょう。私は、自分になじみのない、知らない言葉が歌詞に使われていると、「どんな意味だろう？」と気になって調べたり、「こんな素敵な表現を使うのはどんな人だろう」と作詞家にも興味を持って調べたりします。案外こういった人は多いのではないでしょうか。自分の知っている言葉、ボキャブラリーは作詞家にとっての財産です。歌詞を書いていないときでも言葉を調べることを心

がけましょう。

▪ 自分が知っていて、他の人にとっては珍しい言葉を見つける

　自分の知らない言葉を調べることでボキャブラリーは増えていきますが、自分が知っている言葉の中にも、他の人は知らないという言葉がたくさんあるはずです。たとえば、学生であれば若者言葉、仕事をしている人であれば業界用語などといった言葉は、本人が日常的に使っていても、話す相手が変われば珍しい言葉になりえます。

　たとえば、私の場合はインターネット広告の会社に長年勤めているのですが、「PV（ページビュー）」「CTR（シーティーアール）」「CV（コンバージョン）」など、業界以外の人にはピンとこない言葉があるかもしれません。また、「1on1」「MTG」「リスケ」といった新しめのビジネス用語なども人によってはなじみがないかもしれません。このように、自分が知っていて他の人はあまり知らないような言葉があれば、それも作詞の上で強みになります。歌詞にはわかりやすさも必要ですが、誰もが知っている言葉だけを使うと「どこにでもありそうな歌詞」になってしまうことがよくあります。歌詞に「他の人にとっては珍しい言葉」を使うことで、その人ならではのオリジナリティを出すことができます。そういった言葉を探して、自身の強みにしていくと良いでしょう。

▪ 街の中の会話に耳を澄ませる

　街に出たら、会話に耳を澄ましてみましょう。会話は言葉の宝庫です。辞書やネットには載っていない「生の声」を聴くことができます。

　とくに、日常生活でなかなか話をする機会がない人たちの会話には発見が多くあります。私の場合、学生と話をする機会は最近あまりないのですが、レストランで学生同士のランチ中の会話に耳を澄ましていたら、こんな声が聞こえてきました。

　「疲れたらおいしいもの食べに行くことにしてるんだよね」

ああ私も同じだな、と共感するとともに、社会人でも学生でも同じ感覚なんだな、という発見がありました。この発見が、「いつか歌詞で使えそうなフレーズだ」と言葉のストックになるわけです。また学生の会話ではいわゆる「若者言葉」が会話から飛び出すこともあります。それが自分の知らない言葉であれば、調べることでボキャブラリーが増えます。街には学生だけでなく、ファミリーやサラリーマン、老夫婦など、様々な人の声があふれています。こっそり取材をする気持ちで会話に耳を澄ましてみると、歌詞に使えるアイデアが浮かんでくることがあります。

▪ 言い換える癖をつける

　10章では様々な表現技法について述べました。1つの言葉や文章を言い換えてみるのも作詞力アップにつながります。たとえば、ネットニュースを読んで、その見出しを自分なりに考えてみるのも良いでしょう。ネットニュースの見出しは、読者が見やすいようにだいたいの文字数が決まっているため、文字数に収まるような別の表現を考えてみると、音数と言葉数を合わせる訓練になります。また、会話の中でも、「つまりこういうことだよね？」と自分なりの解釈をしたり、「○○みたいだね」と何かにたとえてみるのも役に立ちます。実際に言葉に出さず、心の中で言い換えてみるのでもかまいません。ニュースでも小説でも、歌詞でもドラマのセリフでもお笑いのネタでも何でも良いので、インプットする言葉を自分なりに解釈する癖をつけることで自分なりの表現が磨かれていくでしょう。

▪ 歌詞用の辞書を作る

　自分の知っている言葉や新しく知った言葉は、作詞で使えるように、取り出しやすい形でストックしておくと良いでしょう。「初めて知った言葉」「自分が知っていて、他の人にとっては珍しい言葉」「街で耳に入ってきたある人のセオリー」「毎年新しく生まれる流行語」「うまく言い換えた言葉」などを書き溜めていくと、一般的な辞書には載っていない「自分だけの、

歌詞のための辞書」を作ることができます。1日の終わりに腰を据えて毎日書き込むのではなくて、思いついたらその都度書き留めることをおすすめします。気づいたらかなりのボリュームになって、歌詞に悩んだときの自分の強い味方になってくれることでしょう。

　私の場合は、下記のサンプルのようにエクセルのシートを「春」「夏」「秋」「冬」「ダンス」「戦い」など歌詞のタイプごとに分け、そこに使いたい単語やシチュエーションなどを随時書き込むようにしています。実際にその辞書の中からフレーズが生まれて世に出た歌もあります。

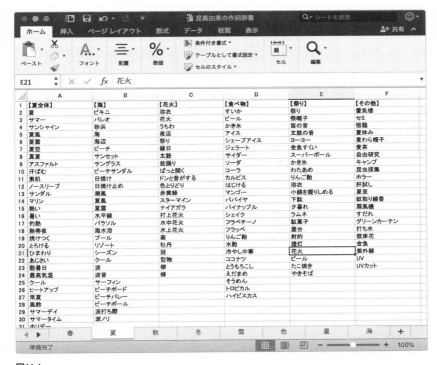

図11-1

▪ プレイリストを活用する

　パソコンやスマートフォン、デジタルオーディオプレイヤーなどで曲を再生する際のプレイリストも、歌詞のための辞書のような役割を果たします。私は、歌詞のタイプごとに参考曲のプレイリストを作っています。

昆真由美のプレイリスト例（一部）

季節、イベント	シチュエーション	カテゴリー
Christmas	デート	アニソン
Spring	Fashion	TikTok
Summer	HIGH	和風
Winter	JOB	デュエット
バレンタイン	Morning	でんぱ
ハロウィン	Party	
	SEXY	
	Trip	
	お料理	
	やさぐれ	
	雨の日	
	失恋	
	片想い	
	新しい世界	
	ビールが飲みたい	
	ストレスフリー	
	チャレンジ	

　私の場合は、主にその歌を聴きたくなるシチュエーションで分けています。プロットを作るときに、まずこのプレイリストを覗くこともよくありますがプレイリストの作り方は人それぞれです。これが正しいというものでもありませんが、参考になれば幸いです。

　サブスク（サブスクリプション：定額料金を支払って利用するサービス）の音楽配信サービスでは、幅広い歌を聴くことができます。自分の知らない歌も含めてプレイリストにしたり、コンペシートの参考曲をリストにしておくのも良いでしょう。

　自分なりのセンスで自分だけの辞書やプレイリストを作っておくと、作

詞をする際に突き当たる壁を乗り越えたり、ちょっとした悩みなどが解消
したり、より良い歌詞にするための役に立つと思います。

▪ あとがき

　最後まで読んでいただきありがとうございました。

　書籍の執筆は私にとって初めての経験でした。作詞講座やワークショップは何度も実施してきましたが、いざ本で伝えるとなると、「果たしてちゃんと伝わるだろうか？」「1冊の本にできるほどの量があるだろうか？」とたくさんの不安がありました。しかし、いざ書き始めてみると「これも伝えておかないと」「この方がわかりやすい」「これは図にして伝えたい」など、書きたいことがあふれてくるのがわかりました。書き終わった今、いつか形にしたいと思っていたものができ上がった喜びを感じるとともに、作詞に限らず、やっぱり私は「想いを言葉にして伝えること」が心から好きなのだなと再認識しています。

　作詞活動にも不安はつきものです。「作詞家になれるだろうか？」「どうすればデビューできるのだろうか？」「言いたいことが伝わるだろうか？」「もっといい表現がなかっただろうか？」「ヒットするだろうか？」「また次も歌詞を書く機会に恵まれるだろうか？」など悩みは尽きません。この本は、作詞を始める前の自分が知りたかったことをすべて詰め込むつもりで書きました。皆様の作詞活動における不安を少しでも解消できたなら嬉しく思います。

　本書は作詞のポイントとコツをお伝えする本ですが、作詞の良し悪し、正解や間違いを決めるものではありません。歌や歌詞は、リスナーが「良い」と思うものが「良い」＝「正解」です。実際、ヒット曲の中には「作詞の基本はこうなのに、あえてこう書いているのが新しくて面白い」と思う歌も多くあります。基本を知り、身につけた後は、基本を壊すつもりでどんどん歌詞に自分のセンスをぶつけていってください。基本にとらわれすぎると、真面目すぎて面白みのない歌詞になってしまいます。この本を手に取ってくださった方が、いつか世間をあっと驚かすような素敵な歌詞を書

いてくれたらいいな、と思っています。

　作詞は奥深く、そして楽しい。それを教えてくださったのは恩師の故・遠藤幸三先生です。そして遠藤先生のつながりで本書の執筆のお声がけをいただいた平賀宏之先生。音楽的な知識に乏しい私は、執筆においてたくさん助けていただきました。そして、スタイルノートの池田茂樹様はじめ編集部の皆様。初めての執筆で慣れない中、丁寧に道筋を示してくださいました。あらためて御礼申し上げます。

　作詞活動のすべては、私ひとりでは成し得なかったことばかりです。本書18ページに記した「作詞はひとりでは成り立たない」の言葉の意味を、今あらためて噛みしめています。

　今までの私の作詞活動を支えてくださった旧ビクター音楽カレッジの皆様、トート音楽院の皆様、コンペをくださる音楽事務所の皆様。
　書いた歌詞を世に羽ばたかせてくださった作詞家、作曲家、編曲家、エンジニア、ミュージシャン、ディレクター、プロデューサー、アーティスト、レコード会社の皆様。
　私に作詞を教える場を提供してくださったMPJの皆様、オトマナビの皆様、LYRICSROOMの生徒およびゲスト講師の皆様。
　歌を聴いてくださったリスナーの皆様をはじめ、何かしらのご縁で私を知ってくださったブログの読者様、SNSフォロワーの皆様。
　そして、この本を手に取ってくださったすべての皆様に、心より感謝申し上げます。

　皆様の作詞活動がより良いものになりますように。

2022年6月
昆真由美

本書を最後までお読みいただきありがとうございました。

この「作詞の基本」を作るにあたり楽典の解説や各種譜面、詞先、曲先のメロディー作成などの部分でお手伝いさせていただきました。

楽典の方は作詞をする際に知っておくとよいものを、なるべくわかりやすい言葉で解説するよう心がけました。すでに楽典を勉強されている方から見ると少し物足りなく感じるところもあるかと思いますがご容赦いただけますと幸いです。

また、本書の中で出てくる 🎧 マークと QR コードのついた譜面には試聴用のサンプル音源を用意しました。音で確認することでより理解も深まると思います。こちらもぜひご活用ください。

本書が皆様の作詞活動のお役に立てれば幸いです。

2022 年 6 月

平賀宏之

昆 真由美（こん・まゆみ）

作詞家／作詞講師。東京都多摩市出身。ビクター音楽カレッジ卒業。一般企業に勤める傍ら、作詞家、作詞講師として活動中。

作詞家としてのメジャー初提供作品は 2015 年、チャン・グンソク「淡い雪のように」。
J-POP を中心に、アイドル、声優、アニメ・ゲーム、K-POP まで幅広い歌詞を手がけている。

作詞講師としては 2013 年より各所で作詞講座を定期的に実施、現在オトマナビ講師として歌詞添削講座を持つ。
また、作詞家や作曲家をゲストに迎えて行うワークショップ「LYRICSROOM」の企画・運営も行っている。
《Twitter》@konmayumi
《HP》https://mayumi-kon.lyricsartist.tokyo/
《BLOG》https://ameblo.jp/lyricsartist/

平賀 宏之（ひらが・ひろゆき）

音楽教室講師、作編曲、DAW ソフト攻略本の執筆、様々な DAW の認定講師としてセミナーなど各方面で活動中。また、ローランド・ミュージック・スクール講師資格の認定オーディションや各種研修会も担当し後進の育成にも力を注ぐ。オンラインミュージックスクール　オトマナビ代表、MIDI 検定資格指導者、ローランド・ミュージック・スクール指導スタッフ講師、トート音楽院講師。
著書に「まるごと SONAR ガイドブック」「ABILITY 3.0 ガイドブック」「基礎からわかる Singer Song Writer Lite 10」（共にスタイルノート刊）など。

作詞 入門
——実例で学ぶポイントとコツ

発行日　2022 年 6 月 30 日　第 1 刷発行

著　者　昆真由美　平賀宏之

発行人　池田茂樹
発行所　株式会社スタイルノート
　　　　〒 185-0021
　　　　東京都国分寺市南町 2-17-9 ART ビル 5F
　　　　電話 042-329-9288
　　　　E-Mail books@stylenote.co.jp
　　　　URL https://www.stylenote.co.jp/
装　幀　Malpu Design（清水良洋）
印　刷　シナノ印刷株式会社
製　本　シナノ印刷株式会社

日本音楽著作権協会（出）許諾第 2204050-201 号

© 2022　Mayumi Kon, Hiroyuki Hiraga　Printed in Japan
ISBN978-4-7998-0197-0　C1073